中华先贤人物故事汇

范仲淹

周燕来 著

中华书局

图书在版编目（CIP）数据

范仲淹/周燕来著. —北京：中华书局，2023.2（2024.11重印）
（中华先贤人物故事汇）
ISBN 978-7-101-15987-5

Ⅰ.范… Ⅱ.周… Ⅲ.范仲淹（989～1052）-生平事迹
Ⅳ. K827 = 441

中国版本图书馆 CIP 数据核字（2022）第 211809 号

书　　名	范仲淹
著　　者	周燕来
丛 书 名	中华先贤人物故事汇
责任编辑	马　燕　董邦冠
美术总监	张　旺
封面绘画	纪保超
内文插图	张华飚
责任印制	管　斌
出版发行	中华书局
	（北京市丰台区太平桥西里 38 号　100073）
	http://www.zhbc.com.cn
	E-mail：zhbc@zhbc.com.cn
印　　刷	三河市宏达印刷有限公司
版　　次	2023 年 2 月第 1 版
	2024 年 11 月第 5 次印刷
规　　格	开本/787×1092 毫米　1/32
	印张 4⅝　插页 2　字数 50 千字
印　　数	10001-12000 册
国际书号	ISBN 978-7-101-15987-5
定　　价	20.00 元

出版说明

孔子周游列国，创立儒家学说；张骞出使西域，开辟丝绸之路；书圣王羲之，留下了曲水流觞的佳话；诗仙李白，写下了"举头望明月，低头思故乡"的名篇；王安石为纠正时弊，推行变法；李时珍广集博采，躬亲实践，编撰医药学名著《本草纲目》……

这些杰出的历史人物，有的是在中华民族文明进程中做出过突出贡献、对后世产生过巨大影响的思想家、政治家，有的是对中华优秀传统文化的传承传播发挥过重大作用的文学家、艺术家、科学家，有的是为国家安定统一、民族融合团结和中外文化交流做出过杰出贡献的军事家、外交家……他们为中华民族的繁荣发展做出了伟大的贡献，他们的行为事迹、风范品格为当世楷模，并垂范后世。

他们是中华民族的先贤人物。他们的思想、品德、事迹，是中华优秀传统文化的结晶；他们的故事，是对中华民族的禀赋、特点和气质最生动、最鲜活的阐释；他们的名字，在五千年中华文明史上最为光彩夺目；他们为五千年中华文明史书写了最为光辉灿烂的篇章。

为了解先贤，走近先贤，我们精心组织编写了这套《中华先贤人物故事汇》丛书，以翔实可靠的史料为依据，细腻动人的故事为载体，真实地呈现中华先贤人物的事迹、品格和精神风貌，彰显他们的贡献和功绩，激发人们对国家民族的热爱，对中华文明、中华优秀传统文化的崇敬。

开卷有益，期待这套丛书成为你的良师益友。

目　录

导 读

范仲淹（989—1052），字希文，北宋著名政治家、军事家、诗人、学者。

范仲淹两岁时父亲去世，母亲改嫁朱氏，范仲淹取名朱说。他刻苦读书，生活节俭，进入应天府书院苦读五年，二十七岁考中进士，步入仕途，恢复范姓。

范仲淹性格刚正不阿，敢于直言。在地方任官期间，主持修造捍海堰等工程。后来回到应天府书院教学，积极培养发掘人才，繁荣学术风气。入朝为官后，他针对当时刘太后听政的局面，大胆劝谏。在刘太后去世后，又谏言宋仁宗肯定刘太后的功绩，稳定政局。同时，对宰相吕夷简玩弄手段、操控官员升迁的行径猛烈批评。这期间，他三次被贬，却毫不动摇。

宋夏战争爆发后，范仲淹临危受命，来到陕西前线，与韩琦等人一起，推动军事改革，修筑堡寨，逐步扭转宋军屡战屡败的局面，并开启宋夏和谈。西北局势稳定后，他还朝升任副宰相，发起"庆历新政"，加强官员考核、减少恩荫、建设学校、鼓励农桑，使官场风气为之一振。可惜新政遭到权贵高官反对，他被迫再次离朝，辗转各地，直到六十四岁病逝于徐州。

范仲淹一生，无论身居高位，还是贬居地方，始终坦荡无私，心怀天下。他去世后，宋仁宗亲笔为他题碑，谥号"文正"。好友韩琦、富弼各撰祭文，感人至深。甚至西北羌人也感念他的恩德，哭泣祭拜。范仲淹德能兼备，在政治、军事、学术、文学各方面卓有建树，被公推为宋朝第一人物。他所撰写的《岳阳楼记》，其中的名句"先天下之忧而忧，后天下之乐而乐"，被认为是中国古代为官的最高道德标准，在今天，依然有着广泛的影响和积极的作用。

书院时光

一

北宋真宗大中祥符七年（1014）正月的一天，清晨五点左右，应天府（今河南商丘）南城门打开，跑出两队士卒，在巡检指挥下，他们沿着通往亳州（今安徽亳州）的官道上，整齐地站成两排。接着，京东路转运使、应天府知府、通判，率领着七县知县等数十名官员，悉数身着公服，从城内鱼贯而出。

时值早春，寒风犹紧，地上残霜尚在。应天府大小官员一大早出城，在官道旁恭敬迎候，究竟为了什么事情呢？

过后不久，应天府城内百姓也陆续向城南官道聚集。此前沿官道列队的士卒，试图制止人群进入官道。随着天光渐亮，百姓越聚越多，人群沿着官道从城外一直延伸到城里。大家伸长脖子，聚精会神地注视着南边，似乎在等待着什么人的到来。

从早晨等到中午，又等到下午四点，不少人又累又饿，却不肯离开，生怕被别人抢走了位置。好在太阳不晒，天气还算舒适。

终于，官道尽头扬起一阵烟尘。百姓们一阵骚动，应天府的士卒赶忙维持秩序，甚至有人扬起了皮鞭。

伴随着马蹄声，两名全副武装的骑兵各举一面旗帜，出现在官道上。众人定睛细看，旗上绘的是神兽白泽，这是皇帝仪仗御用旗帜。在他们身后是手持星象旗的两队骑兵，然后是指南车、计里车、白鹭车、鸾旗车、崇德车、皮轩车，乐队、步行旗手、白色御马、弓箭手、日旗、月旗、青龙旗、白虎旗。接着走过来两面门旗，引导着六队骑兵，然后是两队手持各种伞盖旗帜的步行侍从。紧跟在各种彩旗后面的是一张香案，摆放着玉玺"天命之宝"。

这时，从队伍中跑出十余名天武禁军，他们策马来到应天府官员面前，高声呼喊："免拜！唱喏直身立，奏圣躬万福！"说完又继续向前，向周围士卒和百姓呼喊："小心！车驾来了！"

果然，在彩旗后面，出现一辆装饰精美的马车，左车身绘有青龙，插着十二旒青旗，右车身绘有白虎，插着矛和戟，车周身布满金玉装饰的龙凤，拉车的是四匹黑马，戴着金色马具，随行的是六十四名侍从，这就是皇帝专用的玉辂。

原来是当朝皇帝宋真宗赵恒乘坐车驾，来到了应天府。

在元、明、清各代，百姓见官要下跪。宋代则不同，即便是皇帝出行，也只是规定围观百姓不许登高，不许衣衫不整。应天府百姓当然想看皇帝，可惜玉辂车左右人影幢幢，遮挡了宋真宗的御容。百姓有的振臂欢呼，有的嬉笑奔走，有的紧张伫立，有的俯身下拜。

玉辂车开过之后，后面紧跟着大队步骑兵和各种车驾。只见一列列禁军、侍从衣甲鲜明，旗帜飘扬。三千多人的皇家仪仗队，用了将近半个时辰才全部进入应天府城。

应天府濒临汴水，水运交通便利，因而商旅辐辏，人口密集，每到夜晚，千家万户，灯火辉煌。在五十四年前，公元960年，后周禁军殿前都点检、归德节度使赵匡胤登基称帝，他就是宋太祖，因为归德军节镇在宋州，因此定国号为宋，宋州也就此成为赵宋一朝帝业肇基之地。宋朝第三任皇帝宋真宗升宋州为应天府，应天府也就成为宋朝政治、经济和军事重镇。现在，宋真宗亲到应天府，祭祀祖宗，自然引起应天府全城轰动。此时城中到处人头攒动，大家都走上街头驻足围观。欢呼声、喧闹声此起彼伏，热闹程度更胜过当时最重要的三大节：元旦、寒食、冬至。

御驾进城的消息，也传到了城中的著名学府：应天府书院。今天一早，书院的教授、讲书就随着官员们出城迎驾去了。平日里黄卷青灯、苦心孤诣地读书习文的生员们，得知御驾进城的消息，早已按捺不住好奇，争相跑出书院。

偌大的讲堂顿时空空荡荡，只有一张靠窗的座

黄灏奇怪地问道："朱说，今天全城老少都去瞻仰圣容，你怎么不去啊？"

位上，依然坐着一个生员，神态专注地低头看书。他生得宽额广颐，浓眉大眼，体格结实，一看就是性格坚毅、敢作敢为的人。

这时，有个叫黄灏的生员返回讲堂取东西，看到这个人还在读书，十分奇怪地问道："朱说，今日御驾进城，全城男女老少都去瞻仰圣容，你怎么不去啊？"

朱说闻言抬头说道："以后在朝堂上，自会见到，何苦现在去凑热闹！"说完继续低头读书。

"朝堂上？"黄灏听出了朱说的意思：他要考取进士，出仕做官，跻身朝臣之列。不经意间的一句话，却透露出朱说的志向和抱负。

这虽然是天下所有读书人的理想，然而现实却荆棘满路。宋代科举分为解试、省试、殿试三级。当时有种说法，说读书人参加十次解试、省试，才有机会参加一次殿试。

黄灏嘴上不说，心中却想道："考取进士，金殿面君，谈何容易！"

二

大中祥符八年（1015）三月，开封城春暖花开，偶尔的几阵细雨，更为花草树木增添了无限生机。这天，宫城大内崇政殿殿试唱名已毕，新科进士一百九十七人，以状元蔡齐为首，前呼后拥地走出东华门。在围观百姓的阵阵喝彩声中，新科进士们一边向人群招呼致意，一边从容闲话。

队伍中，有三个人一直走在一起，显然是彼此熟稔的好友。一个脸膛黝黑的青年进士开怀大笑道："朱兄、庞兄都是大才，考中进士实至名归，没想到小弟我竟能忝列榜上，实在惭愧。"

旁边一个白胖的进士截住话茬，道："子京又说笑，你的才识器量远胜于我，封侯拜相也指日可待。"

走在中间的进士眼神坚毅，朗声道："子京、醇之无须过谦，想那唐人孟郊《登科后》诗云：'昔日龌龊不足夸，今朝放荡思无涯。春风得意马蹄疾，一日看尽长安花。'若论豪情壮志，你我兄弟怎可输给唐人？"三人相视大笑。

这时，脸膛黝黑的进士手指着前方道："前方那位便是状元蔡子思，我等也去攀谈攀谈。"三人加快脚步，赶上新科状元蔡齐，叉手施礼。

眼神坚毅的进士对蔡齐说："子思兄真是睿才，我兄弟三人钦佩不已。"随即指着脸膛黝黑的进士说："他叫滕宗谅，字子京。"又指着白胖的进士说："这位是庞籍，字醇之。"然后自我介绍说："我叫朱说。我等恭喜子思兄高中状元。"

蔡齐一边还礼，一边说道："久仰朱兄、子京兄、醇之兄文名，一直无缘结识。我不过是侥幸，诸兄见笑了。"

朱说等人见蔡齐谦虚有礼，心中也生出亲切之感。四人并肩而行，畅聊此次科举的见闻和今后的抱负，越说越投机，颇有相见恨晚的感觉。言谈中，滕宗谅起哄让朱说吟诗。朱说略一思索，便开口吟道："长白一寒儒，名登二纪余。百花春满路，二月雨随车。鼓吹迎前道，烟霞指旧庐。乡人莫相羡，教子读诗书。"

蔡齐听出诗中"长白"是指淄州（今山东淄博）长白山（位于今山东邹平），喜道："朱兄原来在长白山求学？我是莱州（今山东烟台莱州）人，两地都属于京东东路辖区，想不到你我还有这样的渊源。"

朱说答道："我十八岁时，父亲在淄州长山县任职，我便在长白山醴泉寺读书三年多，后来才转去应天府书院。"

蔡齐对朱说只有名，却没有字，感到很奇怪，便问道："未知朱兄台甫怎么称呼？"

朱说闻言一愣，他一向说话干脆，此刻却踌躇起来，说道："实不相瞒，这关乎小弟的身世遭遇，一言难尽。今日群贤雅集，不适合以小弟私事打扰各位的雅兴，容日后向兄详述。"

蔡齐见朱说面露难色，便转换了话题，滕宗谅、庞籍也心照不宣。

朱说想起自己的年少经历、求学时光，表面上不动声色，其实别有一番滋味在心头。

宋代的进士可以直接授官，朱说被授予广德军（今安徽广德）司理参军，正式踏入仕途。赴任后，朱说将母亲从淄州长山县接到广德军，母子团聚。

这天傍晚，朱说处理好公务，回到租赁的房舍，先去母亲屋中问安。母亲谢氏对朱说十分疼爱。朱说年幼时有一次病情严重，谢氏向天祈祷，说如果孩子病愈，自己从此不再吃荤。朱说离家游学后，谢氏思念哭泣，双眼几乎失明。母子之间感情极深，无话不谈。

朱说先询问了母亲今天的饮食起居，又闲谈几句见闻逸事，然后说道："前几天孩儿收到一封信，是苏州范家兄长所寄……"

没等朱说说完，谢氏直接打断道："他们来信做甚！想当年你父亲去世时，你才两岁，我们娘儿俩竟不被你兄长接纳，为娘无奈之下，带着你嫁入朱家。现在他们看你登了第、授了官，便来攀亲戚，简直是无耻之尤，愧对范氏一门！"谢氏说的是朱说的身世，他出生于宋太宗端拱二年（989）八月，是范墉的第三子，但是第二年范墉就去世了。苏州吴县（今江苏苏州）的家业被长子继承，竟将谢氏和幼弟拒之门外。孤儿寡母难以维持生计，谢氏只得带着幼子改嫁朱文翰，幼子也改姓朱姓，取名朱说。

朱说忙起身倒杯茶水，双手呈给母亲。见母亲恢复平静，朱说从袖筒中又抽出一封书信，说道："其实今天还收到长山朱家子弟写来书信，询问母亲的身体状况，我给您读读。"说罢展信读了一遍。

谢氏边听边点头，待朱说读罢信，说道："难得朱家子弟还挂念着咱们娘儿俩。你与朱家子弟一起长大，本来情同手足，回头想想，那年你批评朱家子弟奢侈浪费，他们还说，'我们用的是朱家的钱'，因此你负气从朱家出走，转眼都过去十余年了。"

谢氏说完，见朱说没有接话，就问道："说儿莫非还在嗔怪朱家子弟？"

朱说含笑答道："母亲多虑了，当时大家都是年轻气盛，难免拌嘴，他们也并非存心排斥我。他们对母亲，还是非常尊敬的。"

谢氏听了，放心地点头道："这样想才是正理，咱们娘儿俩应当感谢朱家。你外出游学，后来入应天府书院五年，吃住用度，都是朱家承担。不可因过去的几句气话，就忘了朱家恩德。"

朱说正容道："母亲教训的是，感恩报德之心，孩儿一刻不敢忘。"顿了顿，又说道："孩儿只是常常在想：继父对我有养育之恩和训导之责，今后孩儿自然要善待朱家子弟。然而，生父对孩儿的生身之恩，又当如何还报？"

听闻此言，谢氏一时不知如何作答。

朱说看着母亲，诚恳地说道："孩儿听母亲讲过，范氏一族出自唐朝宰相范履冰，祖籍京兆蓝田（今陕西蓝田），唐末迁往苏州吴县。我的曾祖、祖父、生父三代出仕吴越钱氏，后来我父随末代吴越王钱俶归宋，出任地方官，好歹也算一方名族。可是在我生父去世后，兄长为了田宅财帛，驱逐我们母子，必然招致乡里非议，使范氏蒙羞。想我生父泉下有知，绝不愿看到家门龃龉。"

谢氏看着儿子，欲言又止。

朱说认真地说："我不忍心生父背负骂名，但又不能攻讦兄长。思来想去，我决心上书朝廷，改回范姓。以我个人尊严，挽回范氏风誉，感化兄长。"

谢氏闻言，对儿子有如此胸襟器量，既感叹又欣慰，自己在二十几年前遭受的被逐出家门的屈辱，终于因为儿子的努力，至今日一扫而空。她拉起儿子的手，眼中涌出泪水。朱说忙伸手摩挲母亲后心，宽慰母亲，劝她莫要激动。

经过酝酿和沟通，天禧元年（1017），二十九岁的朱说上奏朝廷，请求恢复范姓。朝廷认为此举符合儒家伦理，很快批复同意。于是，朱说恢复族名，改名为范仲淹，字希文。从此以后，他的人生进入了新的阶段。

三

宋仁宗天圣五年（1027）正月的一天，南京应天府书院的大门缓缓打开，一个身穿青衫的中年男子，在院子的引领下，缓步迈入应天府书院。此人肩背宽厚，眉眼端正，嘴角紧绷，表情庄重，特别是他的眼神坚毅锐利，仿佛能看透人心。

男子跟随着院子来到一间刚打扫过的屋子，屋内一张木床，一套桌椅，一排木箱，陈设布置十分简单。男子扫视一周，说道："此处所在甚好，我今后便住在这里了。"

院子一愣，忙道："范先生说笑了，此间只可用作日间歇息，一到夜晚，则清冷难耐，范先生怎生受得了？且待老奴去寻个暖炉，再入住不迟。"

男子拍了拍身上的青布襕衫，说道："不需如此讲究，我不是那种锦衣玉食的人。这里清净，正好读书写字。"说罢，便拉过椅子，在桌子上铺开纸笔，开始习字观书。

院子不可思议地看着这位官人，还想再说几句，却不敢出言打扰，只得迟疑着去了。

这位院子口中的"范先生"，正是范仲淹，他今年三十九岁，正为母守孝留居南京应天府。这年正月，当朝枢密副使晏殊出任南京留守，邀请范仲淹出任应天府书院教授。就这样，时隔十二年，范仲淹重回故地，只不过身份从学生变成了老师。

又是一年的早春时节，天气乍暖还寒，街上行人渐多，到处欢声笑语。这天，应天府书院的生员们听到了一个消息：应天府知州晏殊延聘了一位新教授来管理书院。

府学诸生的好奇心瞬间被点燃，好事者很快打听到，这位新教授，就是从六品大理寺丞、监楚州粮料院范仲淹。

在书院一处斋舍内，下了晚讲的生员褪去深衣，或躺或坐，三三两两地聚集在一起闲聊。其中一个生员，学着东京开封府勾栏瓦肆说书人的架势，绘声绘色地说起了范仲淹的逸事："说起这位范寺丞，经历可是相当传奇。他两岁时父亲去世，随母改嫁，改姓朱，名说。无巧不成书，他就是在咱们应天府书院求学五载，在大中祥符八年（1015）考中进士的。后来上奏朝廷，恢复范姓。我听说他从小在寺庙苦读，每天煮二升粟米粥，搁置一宿，凝结成块，用刀一分为四，就着十几条韭菜酱菜，上午、下午各吃两块。后来到咱们应天府书院就读，自己收拾出一间屋子，五年不解衣就寝，夜晚读书困乏，就用冷水洗面……"

一名长脸生员插话道："这不算什么，在座诸位中，也有很多家贫如洗却依然用功苦读之人嘛。"

"范寺丞可是大不一样！"那名生员接过话茬，

"当时南京留守之子也在咱书院就读，回家给留守讲了范寺丞的生活，留守怜惜他太过清苦，就送来家中膳食。谁知范寺丞一口未动，直到食物坏掉。留守之子不高兴了，责备他不近人情。范寺丞竟说：'我感念你的厚意，只是我一直吃粥，突然吃起了美食，以后还怎么吃得下粥？'"

大家听了，纷纷赞许。只有那名长脸生员发问道："既然提到南京留守，那么此事只能发生在应天府升南京之后，当时知府马元方升任南京留守。这样说来，我就不懂了，为何在此之前，马知府及其子都不怜悯范寺丞？此事蹊跷，多半是附会。"

说书生员眨眨眼，无法答话。旁边众人对长脸生员说："彦国你且听他把话说完。"原来这个长脸生员是富弼，字彦国，今年二十四岁。

说书生员定定神，说道："据说范寺丞在中进士之前，曾经找相士问能否做得宰相？相士说不能。又问能否做得名医？相士就奇怪了，说这两个志向为什么差别如此悬殊？范寺丞回答：'惟两者可救人。'诸位听听，见识果然有过人之处。"

谁知诸生听了并没有太大反应，毕竟大家都是饱读圣贤书之人，对这些怪诞不经之事，反响并不热烈。

　　说书生员有些尴尬，忙说："我倒是听泰州（今江苏泰州）的朋友提起过范寺丞修筑海堤'捍海堰'的真事——我刚才说的也是真事——泰州本来土地肥沃，士庶富裕。后来那里的捍海堰坏了，因为维修难度大，久废不修。结果海水灌入农田，粮食歉收，百姓被迫远走异乡达三千多户。去年秋天，范寺丞主动向上司请命，出任兴化县令，修筑百里海堤。然而天公不作美，开工后遇到大雨雪，海风巨浪，扑面而来。工匠仆役惊慌奔走，在泥泞中拥挤踩踏，死者百余人。"说到这里，他故意住了嘴，吊着大家的胃口。

　　旁边一名生员讶然道："死者上百？这工程怕是做不得了。"

　　说书生员提高音调，道："现场众人也都说，捍海堰修不成了，只有范寺丞和他同年进士的好友藤宗谅坚持继续施工。后来朝廷派人调查，也支持范寺丞的意见。不过，范寺丞随后就丁母忧，回到应天居住。他还写信给泰州地方官，力促海堤工程继续进行，当地百姓今后生计，就全依赖这道捍海堰了。"

话音刚落，生员们立即七嘴八舌讨论起来，这些正在发生的事情，自然比说书生员说的野史可信度高。只听富弼抱着肩膀，慢悠悠地说："这位范寺丞只用了四年，就从'选人'升到了'京官'，端的是有真才实学的。我还知道一件范寺丞的逸闻，说他举进士后，出任广德军（今安徽广德）司理参军，就案件判决事宜，与上司广德军知军激烈辩论，惹得知军大怒，他也不屈服。回到自己家中，把争论之语都写在屏风上，性格果真是刚直不屈。不过如此说来，他对待我等，必然也会同样严格要求了。"

众人听了一愣，几个四仰八叉斜靠在榻上的生员，下意识地把目光投向门口，仿佛自己正在被这位范寺丞严厉地盯视着。

四

范仲淹住进书院后，眼看着熟悉的门庑、斋

舍、庭院、讲堂……不由自主地回忆起了自己的求学时光。大约十八岁时，他在淄州附近的长白山醴泉寺读书，苦于没有良师益友，于是外出游学。经过五年时光，终于金榜题名。刻苦、律己、坚持、自信，是范仲淹求学之路的宝贵经验。现在，他要把自己的人生信条，贯彻在书院管理上。

他给书院的生员们制定了一套规则，白天的早课、晚课，生员们听书院老师讲授，夜课则在讲堂复习。范仲淹规定了读书、用餐、就寝的具体时间，不到就寝时间，不允许离开讲堂，回斋舍睡觉。

范仲淹宣布了这项规定后，立刻开始监督检查。这一天，正是夜课的时段，范仲淹挨个斋舍查看，发现一个生员在床上蒙头大睡。范仲淹推门而入，把他叫醒，质问他为什么不去讲堂夜读。

这个生员就是之前在斋舍里说书的那位生员，他讪讪地笑着说："看了一整天书，太累了，先歇一会儿。"

范仲淹绷着脸，问："未寝之时，看的是何书？"

说书生员脸上的笑容消失了，眨眨眼睛，道：

范仲淹拿起一本《春秋》，用手指挡住一行，只留下三个字，说："现在进行帖经试，你将这一行默诵出来。"

"《春秋》。"

范仲淹回身从书桌上拿起一本《春秋》，翻开一页，用手指挡住一行，只留下三个字，说："现在进行帖经试，你将这一行默诵出来。"

帖经是北宋时科举考试中的一项内容，就是取一部儒家经典，将页面盖住，留出其中一行，再用一张纸条盖住这一行的大部分字，只露出三个字，由考生背诵出该行全部文字。

这生员因为说了谎，心里紧张，一个字也没背出来。范仲淹翻过几页，继续考查。生员依然背不出来，只能垂头丧气地承认错误，接受惩罚。

范仲淹的目光锐利如剑，他希望这名生员心服口服，彻底改掉懒散的毛病，便叫他跟着自己，来到房间里。范仲淹打开木箱，取出厚厚一摞纸张，交给他。

说书生员接过一看，都是些策、论文稿。他不解范仲淹的用意，正在纳闷，只听范仲淹说道："我给你们布置策、论题目，必定要自己先写一篇，把握题目的难易程度，揣摩行文关键，然后才能有的放矢，对你们的习作提出意见。"

说书生员吃了一惊，再细看，果然就是他们平时所做的题目。

　　范仲淹加重语气说道："你自觉看一天书便累了，然而天下万千读书人，哪个不是看了一天书？又有多少人在你偷懒贪睡时继续看书？难道你任由他人超过自己吗？既然如此，留在书院，还有何益？"

　　说书生员满脸羞愧，当下恭谨地向范仲淹行弟子礼，表示要痛改前非。

　　范仲淹深知礼遇人才的重要，他延聘学者王洙担任书院讲书之职。两人是旧日学友，讲学之余，经常一起坐而论道。这天，王洙到范仲淹屋中闲谈，讲起应天府书院旧名睢阳学舍，因宋真宗赐额"应天府书院"而升格为官学，又从书院历史说到人才培养。

　　范仲淹目光炯炯地说道："我坚信治理天下，必须先建设学校、聘请老师、收拢人才、宣讲正道。所以我现在致力提高应天府书院的品质，将书院的生员培养成知名学者、国家良吏。倘若以后我有机会参与国政，必然将兴学育才之政发扬光大，推行全国。"

王洙笑道："不如你我各说出一个最看重的生员，看你我眼光是否一致。"

范仲淹抽出两张纸，两人提笔各写下一个名字，然后同时亮出。只见两张纸上都写着"富彦国"三个字。富彦国，就是富弼。

两人相视大笑，范仲淹感慨道："此子乃辅佐帝王之才，前途不可限量。"

转眼到了天圣六年（1028），这天一大早，晏殊差人请范仲淹过府叙话。

晏殊的书房布置典雅，墙上挂满字画，书架上整齐码放着各种书籍，彰显出主人的品位。不过，此时的晏殊却是一脸焦躁，低头皱眉读着书案上一封书信。晏殊比范仲淹小两岁，却在十五岁时就参加殿试，得中进士，比范仲淹中进士早了整整十年。范仲淹始终铭记晏殊引荐之恩，尊其为师，自称门生。

晏殊见范仲淹进了屋，不待范仲淹开口，便扬起手中书信，半是埋怨半是责备地说："希文写得好一篇雄文，为何满朝文武看到的是风调雨顺，希文你却只看到朝政得失和民间疾苦？"

范仲淹一看，原来是自己前几天上奏朝廷的《上执政书》。范仲淹虽然身在杏坛，但是他的眼界、旨趣，并不满足于应试科举。他始终心系朝堂，不忘儒家学者"士志于道"的追求，将忧国忧民的思考和观察，总结成"固邦本、厚民力、重名器、备戎狄、杜奸雄、明国听"的改革策略。

范仲淹面不更色，叉手道："我奏章中所写皆是国家急务，如'固邦本'，强调慎选地方官，改革地方弊病，还有'重名器'是强调培养、选拔人才……这些都是您与我平时讨论的内容，绝无一句虚言妄语。"

与范仲淹不同，晏殊性格柔和，他心里更多是顾虑和犹豫，说道："希文此书，名为'上执政书'，实为'上皇帝书'，当今天子年方十八，刘太后临朝听政已有五年，所以实际上这更是'上太后书'。我在朝廷，因与刘太后意见相左，结果被安排在这应天府，希文何苦言辞激烈，自毁前程呢？"

范仲淹看着忧心忡忡的晏殊，一时无语，默默地转头望向窗外，在三百五十里外的开封，在重重宫闱之内，隐藏着多少秘辛？自己何时才能踏入枢机要地，一展平生抱负，为天下苍生建言陈情？

直言切谏

一

天圣六年（1028）七月，原本就不想罢免晏殊的宋仁宗，下诏将晏殊召回开封，任命为御史中丞。晏殊在离京十九个月后，重新回到朝堂。

初秋的开封，暑热未退，鸣蝉依旧。晏殊坐在自家书房中，对着书案上摊开的空白"举状"发呆。这是他回朝后第一次举荐保任官员，如果所任非人，不但对不起朝廷，也会影响自己的风评。其实，一提到人才，晏殊立刻就想到了范仲淹，无论年资、学识、政绩、才具、声望，范仲淹都足可以入朝为官。可是，他想起范仲淹的那封《上执政书》，心里又有些犹豫。这篇文章的字里行间，充满了对太后刘娥主导政局的担忧和不满，不知已经触了多少权贵的逆鳞。

晏殊思考再三，终究还是不敢保荐范仲淹，他一边摇头叹气，一边提笔写了封保荐其他人的举状。

过了几日，垂拱殿轮对奏事已毕，晏殊随宰相王曾退出。王曾突然从袖子中抽出一封文书，问晏殊："范仲淹这个人志向高迈，又文采斐然，相公真的不举荐他吗？"

晏殊接过文书一看，正是自己前几日所上举状，一时揣摩不透王曾的意思，不知如何回答。

王曾看出晏殊的困惑，含笑说道："这份举状已经被我拒绝了，希望能改荐范仲淹。"

晏殊闻言心中一动，连忙领命。他当下匆匆返回家中，挥笔为范仲淹撰写举状。在举状里，称赞范仲淹治学"精勤"，文笔"典雅"，特别是品德超卓，独守贫素，正符合儒家安贫乐道的志趣。

当年十二月，年届不惑的范仲淹被授予秘阁校理，主要职责是管理、校勘和抄写秘阁藏书。满朝文武都在打量着这个初来乍到的新人，其中就有最为熟悉和信任他的晏殊，他满心期待范仲淹能够施展所学，不辜负宰相王曾的赏识和自己的保荐。

天圣七年（1029）冬至，全国休息三天，宋仁宗、亲王、宰臣及文武百官戴冠冕，穿朝服，举行大朝会。这是范仲淹入朝后参加的第一次重大活动。只见五千余人执黄麾大仗，沿着宫中的道路整齐排列，太常雅乐缓缓奏起，展示着十足的皇家气派。

按照规定，冬至的仪式，一般是皇帝先在天章阁祭祖，然后在福宁殿接受皇后、妃嫔、皇子、公主的称贺，再去天安殿接受百官朝拜，接着在宫中后苑赐宴，晚上燃放烟火。

可是，百官队伍并没有走向天安殿，而是一路向北来到了会庆殿。范仲淹满腹疑惑，但碍于朝会礼仪森严，不敢开口发问。

百官到了会庆殿外广场，不一会儿，宋仁宗乘肩舆驾到。年轻的皇帝走上会庆殿，两次向刘太后下跪，口中自称"臣"。百官随之下拜，向刘太后拜寿。

人群中的范仲淹见此情景，心中不禁想道：宋仁宗对刘太后称"臣"，那么，宋仁宗究竟是"君"，还是"臣"？或者，如今朝堂上，竟有两个君王吗？

想到这里，范仲淹内心一阵激动，虽然天气寒冷，他却觉得浑身热血翻涌，似乎有许多话涌到胸口，不吐不快。

二

范仲淹心事重重地参加完宫中御筵，挨到晚上，终于散会，百官出宫观看烟火和赏灯。范仲淹长舒一口气，正打算回家，忽然听有人在背后呼喊自己，回头一看，原来是当年的同榜状元蔡齐。蔡齐比范仲淹大一岁，目前担任御史中丞，同行的还有侍御史孙祖德。孙祖德为人热情，为范仲淹介绍起了开封风俗。范仲淹不好推脱，只得随着蔡齐和孙祖德边走边看。

只听孙祖德说道："这么说来，希文兄上次来东京是在大中祥符八年（1015），距今也有十四

范仲淹看着蔡齐、孙祖德说道："如今官家春秋正富，正是亲理国政的好时候。"

年了。唐人孟浩然诗曰'人事有代谢，往来成古今'，从上到下，有多少变化啊。就说今天这冬至大朝会之礼，原本是三年前，官家下诏，以后每年正月，先率百官去会庆殿为太后上寿，然后再去天安殿接受群臣朝见。后来这大朝会做了改变，都要先去会庆殿了。"

蔡齐在一旁补充说："我朝以孝治国，官家此举是为孝敬太后，原无不妥。"说罢看了看孙祖德和范仲淹。

范仲淹知道蔡齐的心思，他是在试探自己对现今执掌朝政的刘太后的态度。宋真宗晚年患病，朝政多交由皇后刘娥处置。后来宋真宗去世，遗诏以刘后为皇太后，有权处置国事，刘太后就此开始临朝听政。虽然刘太后一直宣称等宋仁宗成年就还政，但如今宋仁宗已经二十岁，还政一事一直没有实际行动。

范仲淹停住脚步，看着蔡齐、孙祖德说道："太后奉先帝遗诏，处置国事，七年来改革弊政，整顿吏治，重教兴学，朝廷内外风气为之一新，于我朝有大功。但是如今官家（皇帝）春秋正富，正是亲理国政的好时候。而且，女主秉政，外戚势力往往会趁机干政，这是汉唐动乱的原因呀，不可不防。"

蔡齐露出欣慰的表情，未待开口，孙祖德抢着说："希文兄只知其一，这太后与今上的关系，尚有一层隐情……"

蔡齐忙打断孙祖德，道："听希文之言，我就放心了。如今朝臣意见分裂，一部分人鼓动太后效仿武则天称帝，另一部分人则深感忧虑，不断上书劝谏。"

孙祖德语带遗憾地说："太后对劝其还政的奏章，一律置之不理，甚至直接将上疏者调往外地。希文兄入朝前，就有数位同僚因为劝刘太后还政被调离朝廷了。不过，子思与我都赞同太后还政，瞅准机会，还要上书劝谏。"

范仲淹点头道："实不相瞒，今日冬至大朝会，官家以一国之君的身份，当众向太后下拜，口中称'臣'。我觉得此礼不符合国君身份，正在考虑上奏章，劝官家废止此礼。"

蔡齐、孙祖德闻言大喜，蔡齐说："还是希文心思缜密，敬候希文的大手笔，早传捷报！”

话音未落，旁边飞起一支火药箭，在空中砰地爆炸开来。这是开封火药作坊配制的火药，绚丽的烟火一下子照亮了开封的夜空。

天圣八年（1030）正月，范仲淹上疏，批评宋仁宗朝拜刘太后之礼不当。他在奏折中说，天子应该匹配皇帝礼仪，而不是臣子礼仪，冬至上寿之礼可以改为在宫中举行，宋仁宗以晚辈的身份率领皇族向刘太后行礼，然后宰相率领百官在朝堂向刘太后行礼，这样做，才符合国家的制度和礼仪。

这篇奏章等于在指责刘太后：你不应该再出现在朝堂上。

晏殊得知此事后又气又急，立刻差人把范仲淹请到自己家中，质问道：“听说你近日上奏章言及朝廷礼仪之事？”

按照宋代荐举保任法的规定，被保荐的官员在任期内若有不法举动，举荐者也要承担责任。两年前范仲淹的《上执政书》，批评的对象只是宰相、副宰相，现在竟然直指刘太后，后果可想而知。

范仲淹恭敬地起身避席，如实回答：“是的。”

晏殊直言不讳地批评道："你不过一个从六品小官，竟然妄言帝后，简直不自量力！这不是爱君忧国，而是狂妄无行，沽名钓誉，而且会累及各位举荐你的人！"

范仲淹听了，双眼直视晏殊，面色不变，待晏殊说完，才郑重其事地申辩道："承蒙您的举荐，我经常担忧自己才疏德薄，使您蒙羞。想不到现在我出于赤诚提出建议，却遭到您的指责！"

晏殊不觉更加急躁，半是讽刺半是警告地说："别强词夺理了，我可不敢冒犯你的官威。"

范仲淹见晏殊情绪激动，当下不再多言。回家后，他将自己这样做的理由，清晰完整地写下来，送给晏殊过目，这就是《上资政晏侍郎书》。范仲淹强调，自己内心坦荡，按照圣人主张，效仿古人行事，对君主、百姓只有一片诚心，绝不是为沽名钓誉。

晏殊看过信，终于冷静下来，体会到范仲淹耿介忠贞、为国为民的真心，反觉自己器量狭小，于是提笔回信，向范仲淹致歉。

范仲淹一不做二不休，索性直接上奏疏，请刘太后还政。对于这种奏疏，刘太后已经习以为常，既没动怒，也不回复。

范仲淹为了表示自己不是为了沽名钓誉，干脆上书请求离朝外任。这份奏章很快得到批准，范仲淹被任命为河中府（今山西永济）通判，结束了只有短短几个月的京官生涯，重新做回地方官。

范仲淹丝毫没有因忤逆刘太后离京一事而气馁，明道元年（1032），他再次大胆谏言：要以唐中宗时后宫干政为鉴，限制刘太后授官的权力。

此时，刘太后竟然提出要穿天子衮服参拜太庙，这简直与称帝没有区别，引起了朝野上下一片喧哗。

朝廷的大局究竟会走向何方呢？身在地方的范仲淹，焦急地关注着朝廷的情况变化，满腔忧思。

三

范仲淹没有想到的是，朝臣和刘太后之间的紧张关系，居然迅速得到了解决。明道二年（1033）三月，执政十一年之久的刘太后忽然病逝。二十四岁的宋仁宗终于开始亲政，他陆续召回了因为劝太后还政而被贬的官员，范仲淹也在被召回之列。不久，范仲淹升迁为右司谏，回到了朝廷。

范仲淹一回到京城，蔡齐、孙祖德就来拜访。范仲淹将蔡齐、孙祖德请进书房，没等坐稳，孙祖德就急吼吼地说道："希文可曾听说太后要立杨太妃为太后之事？"

范仲淹闻言微微一怔，道："不曾听说。"

孙祖德道："刘太后希望立杨太妃为太后，继续参政。如今百官正准备进宫朝贺。简直岂有此理！"

范仲淹立刻说道："此事断不可行！汉唐史事殷鉴在前，我朝须警惕后宫干政，防止外戚势力干扰朝政。而且官家春秋正富，继续由太后垂帘听政，于理不通！"说罢抓过毛笔，道："我这就草拟奏章，明天就递交通进司。"

蔡齐感慨道："希文果然刚直果敢，实乃朝野士风所系，如今刚刚还朝，又要上书劝谏，全不顾念个人仕途安危。也罢，我明天与希文一道上奏章，非争出个是非不可！"

范仲淹与蔡齐目光交错，彼此点头，表达决心。忽听孙祖德在旁边压低了声音说道："我还听说，今上已经获知自己的生母不是刘太后，而是去年去世的李宸妃，并且在怀疑李宸妃之死与刘太后有关……"

　　范仲淹听到这个消息，着实吃了一惊，他一向镇定的脸上，也渗出了一层冷汗，停了半晌才说道："今上生母为李宸妃，其实满朝皆知。只是刘太后在世时，无人敢当面提及。现在今上获知真相，只怕有人趁机挑拨，引起朝政动荡。"范仲淹想不到，刘太后去世后，朝堂之上的波谲云诡，反倒更为复杂。

　　第二天，范仲淹、蔡齐果然上书反对刘太后遗诏。可能是宋仁宗对刘太后的态度比较微妙，也可能是杨太妃无心参政，最终，杨太妃只是被立为太后，没有获得参政的权力。

　　此时，朝臣中有人察觉到宋仁宗对刘太后的情感变化，便上奏章追述刘太后在世时的违制之举，朝堂上，潜藏着清算刘太后的暗流。

　　这天，范仲淹上朝轮对。宋仁宗便问范仲淹

对刘太后违制一事有何看法。一向力主刘太后还政的范仲淹，却向宋仁宗建议道："刘太后始终遵守先帝的遗命，保全皇上的帝位，并未有取而代之的举动，应该掩其小故，全其大德，以免引起朝野动荡。"

宋仁宗终于明白了，他晓谕群臣："故去的太后保护我十二年，这样的恩德，我不敢忘记。现在有人不识大体，攻讦那些陈年旧事，这样做，不能宽慰我对太后的思念。从此以后，太后在世时的那些诏命，朝中文武不许再妄加评论。"一场可能出现的政治风波，终于被平复下来。

这一时期，范仲淹充分展现了处理政务的能力，感受到了宋仁宗对自己的信任。但是他没有想到的是，另一场政治风波会突然爆发。

四

这一天，范仲淹像往常一样，来到待漏院候驾。按照宋朝皇帝常日视朝的规矩，卯正一刻（相当于现在的凌晨六点十五分）先到垂拱殿，接见宰相、副宰相、枢密使、枢密副使等，然后接见三组侍从官和转对官员。到辰时（相当于今天的上午七时到九时），皇帝入内用膳，之后转驾文德殿，接见百官。

不过，宋仁宗热衷学习，在垂拱殿视朝后，隔日要进行经筵讲读，所以文德殿的百官参见一般会推迟到下午。这时宋仁宗就不再去文德殿，改由宰相前往，宣布诏谕。

今天卯时一到，阁门使便引着宰相等人前往垂拱殿见驾。留在待漏院里等待的官员们三三两两地交头接耳，随时等着内侍宦官传来垂拱殿轮对的消息。范仲淹和权御史中丞孔道辅等御史台谏官们站在一处，孔道辅是孔子后裔，比范仲淹大四岁，也曾因为劝谏刘太后还政而遭贬。众人闲谈多时，仍不见阁门使过来传唤，纷纷开始猜测，今日垂拱殿中是不是在商讨什么要事。

众人正在狐疑，孙祖德从门外跑来，神秘兮兮地说："诸公，可知道昨日宫中发生了什么事情？"

众人一起摇头，孙祖德的声音压得更低："适才听熟识的内侍讲，昨日郭皇后在宫中责打其他嫔妃时，失手打中官家脖颈。官家大怒，今天一早传唤宰执大臣，说是正在商讨废后！"

范仲淹、孔道辅等人闻言大惊，脸色都变了。当年刘太后在世时，为宋仁宗选定郭氏为后，但是郭氏骄纵成性，宋仁宗与她素来不睦。而今刘太后已经去世，宋仁宗没了约束，加上郭后入宫九年没有生下子嗣，便彻底冷落了她。然而，郭后是皇后，感情不睦是私情，废黜皇后是公务。朝堂上，万无以私情决定公务之理。

范仲淹失声道："圣上若以私情废后，必然引起朝议汹汹！"忙问孙祖德："可知吕相公对此事作何区处？"吕相公就是宰相吕夷简。

未待孙祖德回答，孔道辅冷哼一声，道："咱们这位吕相公，其他事或能秉公处置，唯独废后这件事，必定会顺从圣意。希文不要忘了，他不久前罢相，就是因为郭后。"孔道辅一向直言敢谏，甚至比范仲淹还要大胆直率。

此时，宋仁宗与宰执商量废后的事，已经在待漏院里传开，在场候班的众人心态不一，或焦虑，或担忧，或好奇，议论纷纷。又过了好一阵，阁门使走进来宣布：今日文德殿的朝会暂罢，诸位宰执已返回官署。

范仲淹闻言一皱眉，道："吕相公为何避而不见，不去文德殿？"

孔道辅冲口而出："他必是防备我等追问，好自行决定废后之事！"随即对范仲淹、孙祖德等人道："事不宜迟，我等速回去联名上奏，决不允许此等因私废公之事！"

孔道辅身为台谏官，有风闻言事的权力。范仲淹虽非谏官，但是义不容辞。众人当天便写出劝谏奏章，可是，当他们将奏章交到通进司时，却被当场驳回。

原来吕夷简早料到会有朝臣反对，先行奏请宋仁宗下诏，通进司不收受反对废后的奏章。

众人一下呆在当场，这可如何是好？

孔道辅、范仲淹当机立断，率领众人直接去请求面奏宋仁宗。众人群情激奋，径直赶往垂拱殿。

此时宋仁宗已经返回宫中，并且事先命令过宦官不要通报。众人在殿门外苦等，孔道辅干脆上前叩打门环呼唤："皇后是天下之母，不该随便废黜。希望给我们面君的机会，让我们畅所欲言。"
过了好一阵，终于有内侍传来宋仁宗谕旨，命他们
去中书，直接与宰相吕夷简理论。

这下，范仲淹、孔道辅急匆匆赶到政事堂。

吕夷简早已端坐堂上，等待众人。吕夷简是宋
初状元宰相吕蒙正的侄子，比范仲淹大十一岁。
他擅长玩弄政治权术，因为心思周密，沉稳干练，
竟然赢得了宋真宗、刘太后、宋仁宗的一致信任，
享有"名相"的赞誉。不过，宋仁宗在宫中夸赞
吕夷简不附庸刘太后时，郭皇后却道出他的底细：
"吕夷简只不过是多机巧、善应变罢了。"因为这
句话，吕夷简一度丢了相位。所以，官复原职后，
吕夷简认为郭后干政，力劝宋仁宗废后。

众人向吕夷简施礼之后，官位最高的孔道辅
问道："敢问相公，风闻圣上欲废黜皇后，此事果
然否？"

吕夷简十分清楚，自己与宋仁宗的意见一致，
眼前这些人的劝谏，不过是徒劳，当下毫不隐瞒，
道："不错，皇后在官家面前失态，官家打算废后
另立，已经与宰执大臣商定好了。"

众人没想到吕夷简如此理直气壮，一时语塞。范仲淹道："身为人臣，皇帝就像父亲，皇后就如母亲，若是父母不和，臣子当努力劝谏，岂可顺从父亲的意见，驱逐母亲？"

吕夷简本想趁机大批特批郭后，没想到被这句话噎住了话头。顿了一下，才避重就轻地说道："废后，有汉唐旧例在。"

孔道辅趁机反问道："人臣当辅助国君成为尧舜这样的明君，怎么能以汉唐失德的例子为依据呢？"

吕夷简无言以对，无奈说道："此事非夷简所能决定，诸公请回，待明日早朝奏对时，请在官家面前各自陈述主张。"

众人当下告辞离开。

哪知道，吕夷简待众人离去后，连夜入宫向宋仁宗奏道："今天，群臣在殿外逼迫君主，这不是太平盛世应有的场面。"他不提众人的主张，而是提醒宋仁宗，要对群臣进行惩罚，使他们失去奏对的机会。

第二天清晨，范仲淹、孔道辅等人早早来到待漏院，打算在宋仁宗面前据理力争，却见内侍擎着圣旨出来，当场宣布：孔道辅、范仲淹等罔顾朝仪，有失大臣之体，出孔道辅知泰州、范仲淹知睦州，孙祖德以下罚俸。

众人大惊，孔道辅、范仲淹不敢停留，立即动身出城。在这种情况下，如果犹豫不去，会被认为贪恋官位，居心不正，遭到惩处。

就这样，明道二年（1033）十二月，范仲淹再一次被贬出京，这次在京任职只有九个月时间。同时，因为对宋仁宗废郭后一事的意见有分歧，导致范仲淹与吕夷简之间，出现了一道不可弥合的裂痕。

五

转年到了景祐元年（1034），范仲淹举家南迁睦州（今浙江杭州淳安），这是范仲淹第二次被贬官。

时已深春，淮河宽阔的河面一阵水花翻动，一艘官船由北向南驶去。

一个中年男子站立在船头，正低头与身边两个男童说话，在他们身后，坐着一个中年女子。这正是范仲淹一家四口。范仲淹的夫人李氏，是宋太宗时副宰相李昌龄的侄女，两人育有二子，长子纯祐和次子纯仁。

只听范仲淹说："祐儿、仁儿，你们看这淮河水面风平浪静，可是渔人驾舟依然万分小心，为什么呢？因为水至柔，看上去无害，人一旦放松警惕，便可能失足落水。相反，火炽烈，人们怕被烧伤，反而不敢靠近，所以溺水的人多，烧伤的人少……"

"有鱼！"纯祐一声高呼，一猛子扑到船沿边上，半个身子已经探出船外。

李氏失声惊呼，范仲淹快速伸手，总算扯住了纯祐的衣襟。李氏快步上前，一把将纯祐揽到怀里，又气又急，道："你这孩子，刚才多危险，差点儿……"

范仲淹却笑道："此子动作敏捷，日后或可上战场厮杀，为国建功。"

李氏嗔怪地瞪了范仲淹一眼，正要开口，突然，船身一阵抖动，河面刮起一阵疾风，把船身吹

这股大风来势汹汹，饶是这艘官船体积庞大，仍然被吹得在河面上打转，前进不得。

得左右摇摆。

天色瞬间暗下来，水浪发出呜咽般的轰鸣。船家飞快地下锚落帆，大声招呼甲板上的人进舱。范仲淹与夫人急忙抱起两个孩子，躲进船舱。

这股大风来势汹汹，饶是这艘官船体积庞大，仍然被吹得在河面上打转，前进不得。两个孩子吓得大哭，李氏脸色煞白，紧紧地抱着两个儿子，眼角噙泪。她忍不住抱怨道："你说你，非去招惹官家和吕相公，好好的开封不待，来这里吃苦。"

范仲淹用身体护住家人，只是在心里默念道："我身为大臣，遇事怎能一言不发。就算是被贬到天涯海角，也无怨无悔。"

大风足足持续了两刻，才风住云散，河面恢复平静。范仲淹一家战战兢兢地钻出船舱，见各处没有异样，终于放下心来。

经过这场风浪，范仲淹若有所悟，转身回到船舱，提笔写下《赴桐庐郡淮上遇风三首》。诗中说：宦海虽有风波，但自己绝对不会像屈原那样自暴自弃，反观江上的商船，虽然不在官场，却也有风浪之忧。范仲淹以诗明志，表达自己对劝谏废后一事没有丝毫悔意。

四月中旬，范仲淹全家抵达目的地睦州，范仲淹在这里度过了近五个月写诗抚琴的闲适生活。随后奉调前往苏州，受命排水救灾，安抚受灾百姓。范仲淹在苏州一年多，疏浚五河、创建苏州郡学，政绩斐然，获得了朝廷和地方的充分肯定。

景祐二年（1035）三月，范仲淹接到朝廷诏书，获知自己被任命为尚书吏部员外郎、天章阁待制，荣登亲近皇帝的侍从之列。这次回京的具体职务是总管国子监。有机会在当时的最高学府践行自己的教育理念，范仲淹非常激动，他给自己设定了"进退惟道""始终一心"的目标。

只是范仲淹不知道，这一切，依然是出于吕夷简的算计。两人之间的第二轮交锋，将更加激烈、更加影响深远。

景祐二年十一月，阳光充足，零星的雪花落地即化，开封城中洋溢着慵懒、散漫的气氛。

这天散朝，官员们陆续走出大内宫城，人群中，范仲淹、欧阳修、余靖、尹洙以及谏官高若讷等人走在一处。范仲淹回到开封已经八个月了，处理国子监的事务之余，范仲淹和旧友重聚，也结识了几个新朋友，只可惜前段时间，滕宗谅因为劝谏宋仁宗少近女色，触犯了宋仁宗的忌讳，被调离了京城。

只听高若讷说："吕相公近日编成的《中书总例》，对中书门下的行政规范进行总结梳理，功莫大焉。"

欧阳修接话道："吕相公宣称有了此书，平庸之辈也可拜相。是不是暗指自己的才能高出同辈？"欧阳修今年二十九岁，五年前考中进士，他本有状元之才，却因锋芒太露，被主考晏殊有意压低名次，以锻炼他的心性。他去年刚从西京洛阳调入开封，目前任馆阁校勘。

高若讷皱眉道："永叔这话有失刻薄了吧……"

尹洙打岔道："那边走过来的好像是阎副都知？"

众人转头，只见宋仁宗的亲信宦官阎文应，领着数名官员和宦官，从后面匆匆走来。阎文应贵为入内内侍省副都知，号称"内宰"，对宋仁宗有很大影响力。

大家碰面，自然要打招呼。阎文应没开口先带笑，说道："天光晴好，诸位明公可曾吟得几首佳作吗？"

范仲淹等人叉手还礼，道："我等俗人，辜负了暖冬骄阳，幸得阎副知提醒，改日拟得佳句，定呈副知斧正。"

阎文应依然含笑道："诸位明公说笑了，咱是一介奴婢，哪里有才情与诸位明公讲论诗赋。今天有急务在身，改日再叨教了。"说罢拱手作别。

范仲淹等人目送阎文应一行人走远，欧阳修悄声道："看太医也跟着，许是要去哪位勋旧贵戚府上问诊。"按照规定，宦官和官员不能互通消息，只有欧阳修百无禁忌，想到就说。众人说了些闲话，便各自回衙署公干。

谁也没想到，几天后，突然传来了郭后暴毙的消息。

范吕恩怨

一

　　郭后被贬为净妃后，迁出大内皇宫居住。宋仁宗感念旧情，一直有复合的意思。但是郭后要求恢复皇后身份，这时宋仁宗已经册封了曹皇后，因此暂时无法册封郭后。那一天，郭后患病，阎文应亲自领着太医前往诊治，路遇范仲淹等人。然而，阎文应去后没过几天，二十四岁的郭后竟然一命呜呼。

　　消息传出，非议四起。高若讷等人率先发难，上疏说：朝野上下，都在怀疑阎文应是郭后之死的主谋。

朝堂上争论不休，范仲淹自然不能置身事外。他听到郭后之死的消息，压抑得无法进食。回到家中，把自己关在书房里，谁也不见。到了晚上，范仲淹把夫人李氏、长子纯祐、次子纯仁叫进书房。范仲淹将家中的各种文书、契约之类，一并交给长子纯祐，嘱咐他各种事项。纯祐年纪尚轻，懵懵懂懂。旁边的妻子李氏惊疑地望向范仲淹，满脸疑惑。

范仲淹先对李氏歉意地笑笑，道："家中事务，一向有赖夫人操持，我感念在心。然今日事关朝廷，且待我交代已毕，再向夫人谢罪。"

说罢取过桌上奏章，郑重说道："今有内侍阎文应，多行不义，假传圣旨，欺骗天下，宰相们知道真相，却不敢违抗。近日郭净妃薨逝，阎文应曾亲自引医问诊，内中或有曲折，引起朝议不休。我意已决，明日面圣，要将阎文应不轨之举，向官家一一说清，若不能胜过此辈，也绝不和他一起活在这世上！"

众人大惊，李氏眼角挂泪，正要开口阻拦，却看到范仲淹目光坚毅，神态安然，便知多说无益。

李氏出身官宦之家，对各种朝堂争议并不陌生，当下稳住心神，默默起身，面色平静地招呼纯祐、纯仁回屋，决定以实际行动支持范仲淹。范仲淹看李氏镇定如常，心中的忧虑也减轻不少。

第二天，范仲淹早早进宫见驾。李氏一直跪在内室佛像前，虔诚地为夫君祷告。长子纯祐双手紧紧攥着父亲昨夜交给自己的一沓文书，咬紧嘴唇，一语不发。甚至次子纯仁也不像往常那样顽皮，而是陪在哥哥左右。

正是隆冬时节，太阳仿佛在躲避着寒风，漏了几缕阳光，便躲进云层。这个冬天本来并不太冷，范家的人们却觉得寒冷刺骨。刚刚到了午时，大家却感觉仿佛过了几百年。家中的仆役不时到街上张望，其中有胆小的，甚至在心中暗自盘算：若范待制被罢官治罪，自己今后应该怎么办。

这时，早上随范仲淹入朝的范家内知，急匆匆地跑了回来，他直冲到内宅门口，扑通跪倒在地，高声叫道："禀告主母：官人今日上朝面圣，蒙官家恩允，下旨贬逐阎文应。官人现被晏相公请走，先命老奴回来禀告，请主母放心。"

听到这个消息，范家上下终于长长舒了一口气。李氏在感谢佛祖之余，也不忘称颂宋仁宗是英明天子。

当晚，范仲淹回到家中，好友欧阳修、余靖、尹洙、高若讷等都来庆祝，众人高谈阔论，把酒言欢。范仲淹隐约感觉自己获得了宋仁宗、吕夷简的认可，心情为之放松。

众人散去的时候，高若讷走在最后，瞅个机会，悄声对范仲淹说道："希文，吕相公托我传话：'你的官职是天章阁待制，职责是侍从皇帝，不是谏官。'"

范仲淹闻言，如同冷水泼头，一下子清醒过来。

见范仲淹没有答话，高若讷又说道："想必希文也听说过，吕相公曾经因为郭后的话被罢相。当初帝后失和，就是阎文应建议官家，找吕相公等近臣商议废后之事，他们二人坚决支持官家废后。虽然阎文应罪有应得，但是吕相公难免认为希文攻讦阎文应，实际上是反对他。"

按照吕夷简的设想，通过先贬后升等手段，应该使范仲淹认识到宰相的权威，从而唯自己马首是瞻。可是范仲淹对郭后之死仗义执言，全然不顾吕夷简的态度，显然没有吸取上次离京的教训，这对吕夷简的宰相权威是一种挑战。

这时范仲淹镇定下来，他看着高若讷，一字一句地说："正是因为我身为侍从，所以才应该向官家进言。"

高若讷叹口气，道："也罢，希文好自为之。"说罢拱手告辞。

范仲淹望着高若讷的背影，心中明白，自己与吕夷简之间的隔阂依旧，他们的冲突随时会再次爆发。

"倒要看看他吕相公怎么对付我！"范仲淹心想："横竖要讲一个'理'字，岂能因为我揭发阎文应就调我离京？别说他吕相公，就是天王老子，也不能栽赃陷害！"

过了几天，范仲淹终于收到诏令。这一次，他会被调往哪里？

二

令人意外的是，范仲淹并没有被调离开封，而是被擢升为吏部员外郎、权知开封府。范仲淹手捧诏书，心中思忖：为什么吕相公一边警告我不要多说话，一边又委以重任？看来吕相公还是认可我的能力。只可惜，吕相公相信"术"，我坚持"道"。我们两人为朝政可以合作共事，但是在根本问题上，终究无法互相认同。想到这里，范仲淹感到释然，他对吕夷简的态度，已然超出了简单的好恶。

按照惯例，范仲淹来宰相衙署中书门下向吕夷简致意。两人相对而坐，说了几句客套话后，范仲淹发自肺腑地说道："去年我受命在苏州救治水患，制定了疏浚五河的方案。然而当地官员、士绅或嫌工程太大，或出于私心危言耸听，反对之声不绝于耳。我上书朝廷，幸得吕相公恩允，才得以实施导水入江的工程。平弥苏州水患，吕相公实有首功。"

吕夷简摆摆手说道："为朝廷、百姓办事，何谈功劳？还记得你的奏章中说：'现在的风气，一

吕夷简摆摆手说道："为朝廷、百姓办事，何谈功劳？"

有举动，非议就出现了，非朝廷主持，必然不能成功，反而遭到诋毁。'我久在朝堂，知天下事难在人心，故先要甄别人才，选材任官，进贤退不肖，方能推动从朝廷到地方的各项事务。"

说着，吕夷简抬眼瞟了范仲淹一眼，有意无意地感慨道："可惜的是，有些人嘴里标榜道德节操，处处显得高人一头。以道德节操考秀才尚可，岂能以道德节操论百官？且我见的人多了，就没看到言行一致的真正有道德节操的人。"

范仲淹当然听出了吕夷简的弦外之音，当即答道："天下当然有这样的人，只不过相公不知道罢了。不承认把道德节操作为选官的依据，会导致有道德节操的人不为朝廷所用啊。"

两人虽然表面不动声色，各自在心中已经将对方贬损了一番。

范仲淹向吕夷简告辞出来，迎面望见欧阳修匆匆走来。范仲淹十分欣赏这个比自己小十八岁的青年才俊，两人早已结成忘年交。

欧阳修本来是找吕夷简公干，不想偶遇范仲淹，立刻凑过来问道："希文与吕相公谈过了？"

范仲淹坦然道："吕相公将开封府京畿重地交托我，自然要来答谢。"

欧阳修冷笑一声，转头看看四下无人，压低声音道："我劝希文此次赴任，一切遵循成例，切勿更弦易辙，标新立异。"

范仲淹盯着欧阳修，若有所思。这时，有官员陆续走近。欧阳修叉手向范仲淹施礼，口中大声说道："谨遵范知府吩咐，下官过几天就将当年太宗皇帝主持开封府时的案牍公文送来，供范知府参阅。"说罢向范仲淹挤挤眼睛，然后见吕夷简去了。

开封府人口众多，事务繁杂，历来号称难治。好在范仲淹在地方积极投身实务，熟悉日常行政，处理起开封府纷繁的政务，依然游刃有余。一个月以后，未决的案件、拖延的杂务、落空的政令，都被范仲淹一一解决，令官吏百姓心服口服。范仲淹的政治才能，在开封府这个宽阔的舞台上得以充分施展。

这一天，他照常上朝，与欧阳修、余靖、尹洙等在待漏院说话聊天。余靖感慨道："希文果然是大才，到任开封府才一个月，便将遗留的政务全部解决，我听闻开封街市有新歌谣说'朝廷无忧有范君，京师无事有希文'。真是令人钦佩！"

尹洙也说："希文还整理出了太宗皇帝任开封府尹时的案牍，上奏朝廷，整理成了七百一十卷的巨著。依我看，足可与吕相公的《中书总例》媲美。"

欧阳修插话道："实不相瞒，这一件功劳，在下倒是与有荣焉。"众人相视大笑。

这时，有官员送入进奏院状。进奏院状，也就是手抄的官员奏章、朝廷诏令、人事任免等信息的文件，类似后世的报纸。大家围拢过来观看，读了几行，范仲淹赫然见到胥偃弹劾自己的奏章，批评自己断案多出己意，标新立异，不遵守现成规矩。

胥偃是欧阳修的岳父，众人读完奏章后，不禁面面相觑，随后都望向了欧阳修。欧阳修目光闪躲，含糊地说道："我岳丈的职责是纠察刑狱审判，或许在有些案卷的裁断上，与希文意见相左……"

尹洙在范仲淹耳边说："胥偃此举，当是顺承吕相公的意思，希文你自己应该也察觉出了被任命知开封府的蹊跷，就是吕相公等你百密一疏，忙中出错，好趁机贬责你。"

范仲淹看向欧阳修，微微点头，表示自己并没有埋怨和责怪他，然后从容说道："我在开封府勤奋工作，绝非为了私心或虚名。而今吕相公又要玩弄权术，以私心进退大臣，置国法于何地！想我议论朝政，无所避讳，对刘太后、官家尚且没有畏惧，对宰相王曾也当面提出过批评，对他吕相公更是不在话下。"说罢，坐回圈椅中，陷入沉思。

众人不敢打扰，皱着眉在一旁陪坐。

三

谯楼鼓响，轮对开始了。在范仲淹见驾时，宋仁宗问道："卿以为，裁断案件，应当以现成的法律为依据，还是以执法官员的意见为依据？"

范仲淹心中暗想："开始了。"他从容答道："有法则依法，如果法不完备，则需出自执法官员的裁断。朝廷政务，必须遵守国法，乡里民间，则可斟酌民情。"

宋仁宗点点头，他不可能因为胥偃的一份奏章就随意撤换重臣，见范仲淹的回答深合情理，就不打算继续深究。接着又问道："那么，卿近来是否听闻朝廷中有不合法度的政务？"

范仲淹双手紧紧握住笏板，回答道："有的，臣闻宰臣吕夷简以官员任免为手段，出于私心提拔官员，有违我朝'官人之法'，破坏官员升降序列，危害不可谓不大。"

宋仁宗睁大了双眼，道："卿细细讲来。"

范仲淹便在朝堂上详细解释了宋代官员升迁序列，并指出近期几件不符合官员升降规则的诏令，最后说道："臣请为陛下编绘官员升迁序列图，下次奏上。"

宋仁宗当即同意。

过了几天，范仲淹献上一幅《百官图》，由内侍宦官擎着，在宋仁宗面前展开。宋仁宗一看，只见图上一边标着官职、阶级，另一边写着近期升迁官员的名字，标着他的曾任官职、现任官职。

只听范仲淹说道："陛下请看，这是《百官

图》中各级官员的顺序，旁边以墨笔标出的官职，是符合升迁规则的官职，朱笔标出的官职，是实际授予的官职。还有，墨笔标注的官员为正常升迁，朱笔标注的官员为不当升迁。其中，朱笔标出的官员，在近期全部升迁的人数中占比极多。委任公正与委任不公相杂，难道不是当政者之过吗？"

宋仁宗上身前倾，认真地看着《百官图》，用手指比画着各种官职和人名。

范仲淹停了停，又加重语气，说道："臣以为，宰臣吕夷简以升降官员为'操术'，以好恶私心废朝廷成法，陛下不可不察。"

宋仁宗的手指一下停住了，上身靠回椅背，露出沉思的表情。

这时，胥偃来到待漏院。这几天，他一直关注着范仲淹的动向。很快，范仲淹上《百官图》抨击吕夷简的消息，通过与范仲淹一起上殿面君的翰林学士、史官、内侍等人的转述，传到了待漏院。有人为范仲淹喝彩，也有人嫌恶范仲淹无事生非。胥偃实在没想到范仲淹如此强硬，一时没了主意，转身跑去见吕夷简。

胥偃见了吕夷简，气急败坏地说："相公，范希文今天给官家献了《百官图》，污蔑你以私心升迁官员，违背国法。如此颠倒黑白，凭空捏造，简直岂有此理！"

吕夷简眯着眼睛，一边听着胥偃的话，一边深思。他有维持政局稳定的能力和责任心，虽然在操弄权术中升黜官员，但目的不是贪赃枉法或擅权营私，而是有发现和锻炼人才的意思，所以他相信能够说服宋仁宗相信自己是忠心为国。至于范仲淹……吕夷简眯着的眼睛突然睁开，他对范仲淹的反感和不满，直接升级成了愤怒和厌恶，他决定发起正面反击。

第二天，吕夷简向宋仁宗奏事。和范仲淹比较，宋仁宗终究还是更信任吕夷简，他并没有就《百官图》责问吕夷简，而是问了另一个问题："前几日，孔道辅上奏章建议迁都洛阳，范仲淹说可先将陕西、河东的余粮、物资运往洛阳，以备战时之用。卿以为此说如何？"

吕夷简恭谨地回答："近来朝臣对孔道辅的奏章多有讨论，皆以为宋辽和议已久，四海安稳太平，迁都非是当下急务。至于范仲淹所论，臣以为，既无战事之忧，何须调动陕西、河东余粮？且陕西、河东无粮则无兵，空虚边地，一旦有警，再从洛阳调兵北上，岂非误事？"

宋仁宗点点头，道："此论甚合朕意。"

吕夷简紧跟着说："孔、范的说法，都是书生迂腐之言，脱离实际，不过是出于私心为自己博取名声，置公议和朝廷于不顾。"

宋仁宗立刻听出了吕夷简对范仲淹的敌意，他没有答话。身为皇帝，当然乐于见到朝臣之间意见不同，如果朝臣众口一词，制造出的舆论就可能压过皇帝的权威。而朝臣互不买账，就会听从皇帝作出的最终评判，这正是皇帝乐于看到的。

很快，范仲淹听说了吕夷简对自己的评价，他一下写出四道奏章，痛斥吕夷简败坏朝政，说他就是纵容王莽篡权的西汉罪人张禹。

宋仁宗终于不再回避，他召见吕夷简，问道："卿上次说范仲淹沽名钓誉，可是他的实绩、声望都无可指摘。那么，卿对他所上的四道奏章，如何辩解？"

吕夷简最初看到范仲淹的四道奏章，勃然大怒，感觉受到了侮辱。在经过一番思考后，已经冷静下来，想好了如何陈述。此刻，吕夷简平静地回答："臣进退官员，的确有时不遵成宪，但绝非出于私心，而是为国选材。关键职位从未滥授，重要人才也未被埋没，即便像范仲淹，他虽遭贬责，不到一两年也会调回朝廷，另行任用。可天下官吏，只有范仲淹一人对臣有微词。这究竟是臣之错，还是范仲淹之错？"

宋仁宗望着眼前这位辅佐过宋真宗、刘太后的老臣，信任之感油然而生，说道："范仲淹言辞激烈，有失大臣之体。"

吕夷简马上接过话茬说："范仲淹一贯越职言事，无视朝廷制度。名为提携后进，实际上是荐引朋党。而今竟然离间君臣，实在居心叵测。"

宋仁宗听到"朋党"二字，表情一下严肃起来。北宋君臣一致认为，宦官干政、藩镇割据、朝臣党争，是唐朝灭亡的三大原因。宋仁宗的内心被吕夷简的话直接击中，他心里的天平不自觉地发生了倾斜。

见宋仁宗久久不语，吕夷简隐约感觉到，在与范仲淹的对峙中，自己已经占据了主动。

四

范仲淹没有意识到宋仁宗态度的转变，还在不断地上奏章，更加激烈地攻讦吕夷简。可是，越这样，宋仁宗越觉得范仲淹轻狂妄为，吕夷简隐忍持重。尤其是范仲淹在奏折中推荐他人代替吕夷简，这几乎坐实了吕夷简说他"荐引朋党"的过错。范仲淹在不知不觉间，就落入了吕夷简布好的陷阱。

看着范仲淹呈上的奏章，宋仁宗在心中权衡利弊：朋党一事，事关重大。如果范仲淹果真结党，那么必须予以严惩，如果范仲淹没有结党，则可以儆效尤。想到这里，宋仁宗下诏：范仲淹贬职，知饶州。

景祐三年（1036）五月，范仲淹第三次被贬出京。范仲淹"荐引朋党"的恶名，引起朝廷内外一阵骚动。像余靖、尹洙、欧阳修、韩琦等人，或与范仲淹交情深厚，或激于义愤，纷纷上书抗辩，结果相继被贬。也有投机者，如高若讷，欧阳修写信责怪他，谁知他将信转呈宋仁宗，导致欧阳修被贬。

朝中的大多数人选择缄默，既不能为范仲淹辩解——越辩解越会被误认为结党，也不屑于阿附吕夷简。

至于吕夷简，他借贬责范仲淹重塑了权威，但是第二年，他也被罢免宰相。

范仲淹又一次开始了辗转各地的生活，这一年他已四十八岁，似乎仍未等到施展抱负的时机。普通人可能已经开始随波逐流，然而范仲淹不会，他骄傲地写道"心焉介如石，可裂不可夺"。他越挫越勇，丝毫没有消极颓唐的心态。

此后三年，他相继在饶州（今江西鄱阳）、润州（今江苏镇江）、越州（今浙江绍兴）等地任官。宝元二年（1039）三月，五十一岁的范仲淹吟诵着"春山无限好，犹道不如归"，开始怀念朝堂。他还不知道，远在西北的一场异动，将彻底改变自己今后十几年的人生轨迹。

宋仁宗康定元年（1040）正月二十二日，鄜延路延州（今陕西延安）西北三川口（今陕西延安安塞北），一支万余人的北宋军队，头顶寒风，脚踏积雪，沿着延水南岸，艰难行军。

队伍中几个将领模样的人，并排乘马而行。一员须发皆白的老将，对身边一位缩颈藏头的将领说道："黄都监，前面就是延州了，可以进城休整一番了。"

那位将领脸上无须，原来是名宦官。他抬头望望前方，有气无力地说道："全凭刘帅处置，也不知元昊现在躲到了何处？"

老将朗声道："元昊小儿必然闻风遁去了，他若敢现身，定被我军碾为齑粉。"

这员老将叫刘平，现在统领北宋西北地区鄜延、环庆、泾原三路兵马。那位内侍宦官是黄德和，当时北宋军中有不少宦官出任武将。数日前，他们接受驻节延州的振武军节度使范雍调遣，率军向北迎击西夏军，不过一路未遇敌军，于是调头回援延州。

就在这时，延水北岸闪出一支人马，正是西夏军。刹那间，无数雕翎箭穿过风雪，射向宋军。

就在这时，延水北岸闪出一支人马，正是西夏军。刹那间，无数雕翎箭穿过风雪，射向宋军。

刘平不愧为宿将，应对迅速，当即组织军队排成偃月阵，放箭还击，又让黄德和统率后军。

西夏军开始渡河，北宋军趁机反击，西夏军伤亡数千，但凭借人数优势，守住了滩头阵地。杀到傍晚，西夏军后退。北宋军放松了警惕。西夏精锐"铁鹞子"骑兵突然发起冲击，北宋军稍稍后退。谁知胆小的黄德和竟以为前军败了，率后军临阵脱逃，引起全军阵形大乱。刘平率北宋军且战且退，交战三天，最终全军覆没，刘平等将领被俘。

西夏军在宋夏战争中第一场大战"三川口之战"大胜，乘势攻破延州以北三十六处营寨，继续向延州进军。

五

宋夏交界线上横亘着两千余里长的横山，号为"山界"。延州正处在贯通横山的山道上，是西夏军南下的道路要冲。此时，坐镇延州的北宋前线部队统帅，是前枢密副使范雍。

范雍站在城楼上，透过漫天大雪，焦急地望着城外旷野。他虽然是前线统帅，但是名文官，自己不能领兵作战，前几天调遣刘平等人领兵迎击西夏军，还不知道战况如何。不知是因为寒冷，还是紧张，范雍不停地搓着双手。

忽然，一个精壮的青年军校箭步跑上城楼，叉手禀告："禀大帅，黄都监返回延州，有急事奏报。"

范雍心头一震："为何主将刘平没有回来？"忙唤黄德和上城楼答话。

不一会儿，黄德和呼哧带喘，气急败坏地走了进来，顾不上讲究礼节，尖着嗓子喊道："禀范帅，我军在三川口遭遇敌军埋伏，可恨刘平倒戈降敌，致使全军覆没，咱率军拼死逃回。现在西夏军正在向延州逼近，请范帅定夺！"

范雍大吃一惊，来不及判断黄德和的话是真是假，叫他先下去休息。然后定定神，转头对青年军校沉声道："狄青，你传令下去，四门紧闭，所有将官兵卒，带甲登城，昼夜戒备。敌军前来，任何人不得出门应敌。"

狄青口中应诺，迟疑了一下，又小声道："范帅，西夏军来势迅猛，为预防万一，请您移驾他城，整军再战……"

"不可造次！"范雍大声训斥："若延州有失，京兆、关中将彻底暴露，我大宋西北地区的安全，在此一战。敢擅自出城者，斩！"

狄青大声领令，跑下城楼去了。

范雍的目光再次投向城外，风雪更大了，在白茫茫的天地间，似乎已经能看到有数骑西夏骑兵忽闪忽现。

两年前，宋仁宗宝元元年（1038），陕西北部定难军党项部族豪酋元昊，称帝建国，史称西夏。元昊雄心勃勃，极有谋略，他团结族人，任用汉人，势力不断增长。由于元昊之父李德明长期接受北宋封赐，因此北宋君臣认为元昊此举是背叛，必须出兵讨伐。双方关系彻底决裂，宋夏战争爆发。宋仁宗派出前枢密副使范雍到延州前线，指挥作战。

经过周密策划，康定元年（1040）正月，元昊率大军十万突袭延州。范雍急调大将刘平等将领出击，却在三川口被西夏军击溃。随后，西夏军围困延州七天，因为大雪才撤围而去。延州躲过一劫。

接到范雍的汇报后，宋仁宗对西北军政现状大失所望，紧急召唤时隔三年第三次拜相的吕夷简，商讨西北军务。

宋仁宗开口就问："范雍本非庸才，他在元昊起兵前提出'安边六事'，对西北边事早有规划，为何会遭此大败？"

吕夷简说："范雍擅长谋略，但缺乏身为统帅的决断力和执行力。臣记得他到延州后，指出士兵寡弱的弊病，却没有采取措施，改变前线军队的散漫状态。"

吕夷简举重若轻的态度，令宋仁宗稍稍安心，又问道："范雍虽不能上阵，统兵出战的刘平却是宿将，为何一战即溃？"

吕夷简神色不变，答道："前线战事瞬息万变，刘平无权随机应变，范雍接收信息滞后，致使军令迭出，甚至前后矛盾，屡失战机。"其实这是宋朝的"祖宗家法"，选派文官统兵，以防武将拥兵自重，结果常常导致军队战斗力低下。

宋仁宗当然不能指责祖宗家法，便把话题转移到前线指挥的问题上，说道："而今首要的弊端是文臣军事素养不足，难以胜任军队作战指挥。陕西军政主官范雍等人，需对'三川口之战'之败负责。卿对陕西军政长官人选有何建议？"

吕夷简回话道："韩琦品性端庄稳重，很有担当，自请赴陕西主持军务。臣以为可堪重任。"韩琦字稚圭，二十岁中进士，这一年三十三岁，是朝中坚定的主战派。

宋仁宗颔首道："朕读过韩琦的奏章，对陕西军政颇有见解，其才干可以胜任前线军政。"

吕夷简拖长声音道："只不过，韩琦还举荐了一人，希望官家恩允将此人也调往陕西。"

宋仁宗听出吕夷简语带犹豫，问道："何人？"

吕夷简顿了顿，道："范仲淹。"

宋仁宗眉头一挑，道："韩琦不晓事！范仲淹结党营私，不可重用！"

韩琦比范仲淹小十九岁，四年前，他在朝中目睹了范仲淹直言切谏的大无畏之举，久慕其风骨，相信范仲淹的人品才干。韩琦觉得处置陕西战事，正需要范仲淹这样卓有实绩的干才，因此不顾争议，向朝廷举荐。他甚至说："如果范仲淹真的结党营私，耽误朝廷大事，我甘愿领受灭族之刑。"

韩琦冒死举荐，令宋仁宗对范仲淹的印象有所转变。但是，当时指责范仲淹结党的人正是吕夷简，宋仁宗便又问吕夷简的意见，出人意料的是，吕夷简回答说："范仲淹是贤才，可以重用。"

于是，在当年三月，北宋朝廷先调整了中央最高军事机构枢密院，以晏殊为枢密使。接着又撤换了范雍等陕西军政长官，由夏竦、韩琦等人接替，接着，又下诏调范仲淹赴陕。

范仲淹走运河北上，先到开封，当面向吕夷简致意，发自肺腑地说："此前因为公事与相公意见不合，实在没想到这次还能得到您的擢用。"

吕夷简依然轻描淡写，说："我怎么能因为私人的关系，耽误朝廷大事。"

其实两个人依然政见不同，并未尽释前嫌，不过，范仲淹对吕夷简的器量，的确是刮目相看。至少，在摒弃个人好恶、共同为朝廷出力这一点上，达成了共识。

书生从戎

一

北宋京兆府城，是在原唐代长安城皇城的基础上修成，虽然面积缩小，不再是王朝都城的规模，但依然是西北地区的重镇。康定元年（1040）五月，京兆城暖阳当空，城中百姓或聚坐闲聊，或结伴游逛，尽情享受夏日时光。

陕西路转运司、京兆府衙署都位于城中偏东南，四周修有高墙。与京兆百姓的优游闲适截然不同，衙署内气氛凝重，三位新任陕西军政主官：陕西经略安抚使、兼沿边招讨使夏竦，副使韩琦、范仲淹，正襟危坐，聚精会神地讨论前线军情及策略。

　　夏竦居中而坐，他比范仲淹大四岁，十余年前便已官至枢密副使，却因为引起吕夷简忌惮而被长期外放。此前，他也曾向宋仁宗举荐范仲淹。这天一早，他接到延州知州张存的书信。张存本来不愿赴延州，勉强上任后，立刻写信诉苦，请求内调。夏竦把信交给韩琦、范仲淹传阅，自己靠在椅背上，默默无语。

　　韩琦看完后，抬头道："张太守无心战守，久置延州重地，必然影响军心，需严加切责！"

　　夏竦看着韩琦，语气平静地说："稚圭所言甚是。我担心的是现今将领、士兵久疏战阵，兵器腐朽，城郭崩塌。张知州是否是镇守延州的合适之选？若所任非人，实在是我等失察之过。"

　　韩琦声音低沉地说："张知州本来是能吏，重压之下，竟有此等不顾国家之举。若不撤换，恐怕难保延州守备周全；若另派他人，则开边臣畏敌请调的先例……"

　　范仲淹已经看完信，听着夏竦和韩琦的对话，没有立刻答话。他到京兆后，接替张存担任陕西路转运使。不久前，在吕夷简的建议下，升为龙图阁直学士、陕西经略安抚招讨副使。短短两个月时间，已经第三次升迁。

这时，范仲淹见夏竦、韩琦望向自己，便开口说道："下官不才，愿自请出知延州！"

听闻此言，夏竦露出嘉许的表情。韩琦高兴地说："希文愿去延州，一举解决了困难。希文以经略安抚副使之尊坐镇延州，一可惩戒撤换张太守，二可避免军民非议，三可提升延州守备规格，此举实在太适合当前形势。"

夏竦手捻胡须，道："希文此去延州，对边地前线诸般事务，有何打算？"

范仲淹沉吟道："方今边防最大的问题，在于将、兵分离，互不统属，养兵十几万，却形如散沙，还没有上阵，已经处于下风。下官此去延州，要将所辖一万八千名士卒分为六将，每将由专人统辖，平时各自训练，战时轮番出战。如此一来，战力必然大大加强。"

夏竦点头道："这才是持久之计。不过，近日有人建议分兵五路，进讨西夏，稚圭、希文以为这样是否稳妥？"

韩琦直言："下官以为这样不妥。元昊虽倾国入寇，兵力不过四五万人，我军分派各路驻守，遇敌则处于弱势。若集中重兵于一路，全军出击，乘着敌军新胜骄狂，定能一举破敌。"

范仲淹闻言一愣，当即道："当今之计，不如采取持久防守之策。充实关隘，使敌军无虚可乘。若敌军进犯，便坚壁清野，不出城对战，关中兵备完善，敌军岂敢深入！西夏军既不得大战，又不能深入，二三年间，他们自己就疲惫了，这才是上策。"

显然，韩琦与范仲淹两人意见不同，韩琦主战，范仲淹主守。

韩琦转头劝说范仲淹道："我军兵力、装备占优势，若闭城据守，拖长战事，得耗费多少财力。为臣者当为君分忧，希文从延州进兵，我从镇戎军进兵，两路进攻，大事可成。"

范仲淹说道："太宗朝，朝廷以宿将精兵讨伐元昊祖父李继迁，长期征战，尚且没有收复。现在天下承平已久，缺少精兵猛将，一旦兴兵深入，胜败很难预料。"

两人辩论半晌，回头望向夏竦。只见夏竦依旧稳坐泰山，面无波澜。其实夏竦也主张采取守势，不过多年宦海沉浮，他早已养成遇事不忙、沉稳老练的习惯。只见他不慌不忙地说道："攻守策略，关乎西北形势，不可贸然决定。倒是要烦劳希文即日动身赶赴延州，不可延搁。至于稚圭所言两路进兵之事，也须得待希文履新后，再作计较。"

二

与燥热的京兆城不同，延州夏季多雨，凉风吹过，登高远望，四下绿意盎然，边塞风光，怎不惹人触景感怀。然而，此时的范仲淹，却无心吟诗填词。他望着面前稀稀拉拉的队伍、慌乱无神的军校，以及一问三不知的张存，紧紧地皱起了眉头。

转眼间，范仲淹已经到任一个月了，既没有操练军马，也没有整修城防。士卒们从最初的期盼变成了失望，他们想，鼎鼎大名的范知州，终究不过是个书生，并不懂得统军作战。

这天，又到了固定的全军操练的日子。狄青走进帅府，请范仲淹去教场。范仲淹从厚厚的文牍中抬起头，望了眼狄青，说道："昨日交代之事，可曾准备妥当？"

狄青叉手回复："禀范帅，全员就位，听直学将令。"

范仲淹点点头，起身整理冠带，举步要走，又想起什么，转身从桌子上拿起一部《春秋左传》，交到狄青手里，说道："本府从范侍郎处得知，你是一员忠勇敢为的将才，这一个月来果然干事勤勉可靠。然而将不知古今，只是匹夫之勇，希望你熟读这部《春秋左传》，他日能够成为帅才。"范侍郎就是范雍，因为三川口之战被贬为户部侍郎。

狄青双手接过书，双眼闪烁出激动的光芒，心想："能得到鼎鼎大名的范知州如此赏识，或许以后真的可以做出一番大事业。"

范仲淹不再耽搁，走出衙署，骑马来到教场。只见延州各部队列队已毕，正等候主帅范仲淹到来。

范仲淹登上高台，一杆红底金字牙旗迎风飘

展，上面写着斗大的一个"范"字。范仲淹头戴幞头，身着圆领大袖袍衫，腰束革带，脚穿皂靴，目光炯炯，扫视全场，然后说道："我奉圣上诏旨，驻守延州，生死系于此城，誓与众将士同心协力，叫西夏一兵一卒都不能跨过横山。"

教场内外数千将士一阵欢呼。

范仲淹陡然提高音量说道："然而前线将士为国死战，竟然有人胆敢克扣军饷，冒领军功，辜负朝廷重赏之恩，伤将士报国之心。岂能容这等误君误国的蠹虫苟活于世！传！"

话音刚落，狄青率领一众士卒，推着十余名披头散发、倒绑双臂的军官走到高台前，跪成一排。又有人在每人面前摆上一个竹筐。

接着一名军官展开榜文，一一宣读这伙军官的名字、军籍、罪状，贪污军款的数量、抢夺他人军功的事实。然后，范仲淹一挥手，刽子手手起刀落，十几颗人头当场落地。

在场士卒鸦雀无声。眼前的处决，并未引起范仲淹一丝神情变化。他继续宣布：将延州一万八千人部队改编为六将，将下设指挥，五百人一指挥，

范仲淹登上高台，对将士说道："我誓与众将士同心协力，叫西夏一兵一卒都不能跨过横山。"

建立起将、指挥两级的部队组织层级。每将由一位都监统辖，配二位指挥使，负责训练，再从每一指挥中选拔二十五名弓马娴熟的士卒担任教头，一名教头训练十到二十人，另外还宣布提高参与修城、运粮士卒的待遇，每月多支领酱菜钱。

很快，延州外围十几处城寨迅速得以修复。到这年年底，延州守军已经将知兵、兵知将，战斗力大大增强。这种方法很快被推广到陕西、河东诸路，极大地提高了宋军的战斗力。范仲淹还发掘、提拔了武将种世衡、狄青以及文官孙沔等一大批人才，其中不少人成为范仲淹日后主持"庆历新政"的干将。

康定元年（1040）八月，宋军击退西夏军对延州城外金明寨的进攻。九月，范仲淹派兵奔袭西夏白豹城，再次获胜。两次胜利，令延州军民十分振奋，三川口之战后的消极颓废一扫而光。

就在延州形势逐渐好转的时候，在这年年底，却传来了朝廷的诏令，下一年正月，要出兵与西夏决战。

范仲淹读着诏旨，心情越来越沉重。

三

康定元年（1040）十二月，范仲淹到陕西已经八个多月，宋夏开战也将满一年。宋仁宗迟迟等不来西北捷报，就写下手诏，派人向夏竦询问进军日期。

夏竦此前的战略是防守，与范仲淹不谋而合。对于宋仁宗的询问，他不敢怠慢，就写下攻、守两份计划，派遣韩琦、尹洙去开封，请宋仁宗亲自决断。

当初韩琦就是因为主战，才被宋仁宗派往陕西，不过他没能与夏竦、范仲淹达成共识。这次面见宋仁宗，他再次重申进攻的主张，这正合宋仁宗和朝中主战派的意思，于是宋仁宗下旨，来年正月出兵西夏，进行决战。

带着宋仁宗的诏旨，韩琦回到陕西。来年正月，韩琦委派尹洙前往延州，说服范仲淹，约定出兵日期。

正月里，塞北寒风裹雪，天地笼罩在一篇灰白之中。尹洙只带两名仆役，轻骑简装，风尘仆仆赶到延州。范仲淹在府衙内室热情接待了尹洙。尹洙满面春风，全无疲态，坐定之后，眼望四壁书画，笑道："希文来延州时日不短，不知是否吟得佳句？"说罢，目光落到了一幅字上，正是范仲淹创作的一阕《渔家傲·秋思》：

> 塞下秋来风景异，衡阳雁去无留意。四面边声连角起。千嶂里，长烟落日孤城闭。
>
> 浊酒一杯家万里，燕然未勒归无计，羌管悠悠霜满地。人不寐，将军白发征夫泪。

尹洙吟诵一遍，赞道："好词！'四面边声''孤城闭'数语，写尽边塞的慷慨悲凉。然而此情此景，却与唐朝边塞诗豪迈乐观不同，想我朝在陕西屯兵二十万，却不能消灭顽寇，这却是为何？"

范仲淹看着尹洙，道："世易时移，昔年唐朝在西北养马百万，而我军眼下骑兵数量不足，唐军在西域可就地获取给养，我军则孤悬塞北之地，无法长期作战。"

尹洙摇摇头，神秘兮兮地说："希文可知我这次是奉了谁人之命而来？"

范仲淹笑笑，挥手屏退屋内侍从，道："想来是夏公或韩公有事吩咐？"

尹洙坐直身子，拱手道："我此来，实是奉今上所遣，又有夏公、韩公面嘱：朝中已决意今年正月出兵西夏。希望经此一役，实现西北世代太平。希文独当一路，须当有所经画。"

范仲淹靠在椅背上，望着尹洙，迟迟不开口。

尹洙知道范仲淹的心思，语重心长地说："希文莫固执己见了，上月我随韩公赴阙入对，满朝文武无不欲生擒元昊而后快。夏公受到诏旨后，也转而同意进兵。如今箭在弦上，不得不发。"

范仲淹收起笑容，道："此言差矣。我师新败，士气低落，当采取守势，以观其变，岂可轻兵深入？"

尹洙不以为然，说道："希文何必妄自菲薄，我军重整一年，早已不同于三川口之战时。去年延州军两次战胜西夏军，不正表示我军战斗力已经超过西夏军吗？且西夏军中传言'小范老子腹中有数万甲兵，不比大范老子可欺'，正是畏惧希文你'小范老子'，而不怕范侍郎'大范老子'。"

范仲淹依然表情严肃，道："去年不过是小胜，目前敌我形势，仍是西夏军占据主动，我军处于被动。"

尹洙认为范仲淹未战先怯，不禁长叹一声，语带惋惜地说："希文在这一点上就比不上韩公了，韩公曾说：'大凡用兵，当先置胜负于度外。'希文你现在过分谨慎了，会贻误战机。"

范仲淹苦笑道："大军一动，数万将士命悬一线，怎么能将胜负置之度外？我觉得这实在不妥。"

两人观点不合，只得暂时作罢。尹洙就在延州住下，准备继续劝说范仲淹。谁知数日后，尹洙再见范仲淹时，范仲淹却拿出一份诏旨，原来他前几日已经上书宋仁宗，申述延州军政形势，指出正月冰雪交加，不宜用兵。宋仁宗同意他的意见，命他继续坚守城池，不参加会战。

尹洙见此情景，知道无计可施，只得返回京兆，向夏竦、韩琦复命。

夏竦对此很是担忧，他立刻上书宋仁宗，指出范仲淹不出兵配合，势必影响作战全局，劝宋仁宗下令，强制范仲淹一同出兵。

宋仁宗因此前刚刚下诏允许范仲淹守城不出，不好立刻改变命令，只得把夏竦的奏章转给范仲淹，意思是希望他自己主动配合。

一来一去，就到了二月，正当宋廷议论攻守之策时，元昊再次发兵南下。韩琦遣大将任福率二万余人迎敌，在好水川西（今宁夏西吉单家集）遭遇西夏军伏击，宋军将领自任福以下全部战死，全军仅残余一千余人，大败而归。

这一败，彻底打乱了北宋谋划数月的进军计划，韩琦以守边重臣之尊，也为那些战死的士兵落泪。

身在延州的范仲淹听到这个消息，想起不久前与尹洙的谈话，叹息道："战败之时，果然难以置之度外啊。"

消息传来，朝廷为之震动，宋仁宗停用晚膳，他想起范仲淹一再告诫不可出城野战，更加信服范仲淹的才智和能力。

然而，偏偏在此时，范仲淹又差点招惹来一场杀身大祸。

四

庆历元年（1041）三月，延州衙署正堂。范仲淹端坐在书案后面，两旁站立着一众延州文武官吏。与普通的府州衙门不同，延州是前线，驻扎着大量军队，军校们身着戎装，将衙门的氛围烘托得无比庄肃。

范仲淹威严地扫视全场，沉声下令："传夏国使节。"

身旁军校立刻向外传话："传夏国使节。"门外军校一声高呼："传夏国使节。"

不一会儿，下属孙沔领着西夏使节步入堂中。西夏使节举手过头，对范仲淹行长揖礼。

范仲淹十分严肃，一字一句地说道："两个月前，夏国大王元昊遣使前来议和，我亲笔回书，阐述我朝态度和立场：夏国大王元昊撤销帝号、向宋称臣。至于土地、人民、财帛等问题，都可以商谈。嗣后，夏国大王元昊迁延四十多天，才以夏国臣子的名义回复长信。此前你将此信呈上，却见信中词语极尽傲慢，甚为无礼，全无诚心和谈、臣服我朝之意。所以今日传你前来，当面将此信烧毁。你回复夏国大王元昊：称臣则可议和，否则，我朝断不能接受。"

说罢，向旁边军校使了个眼色，有人端出一个铜盘，上面放着一沓书信，另一个差役举着一支烛台过来，拿起书信放在烛火上引燃，很快，厚厚的书信腾腾地燃烧起来。

西夏使节脸色一变，开口叫道："范直学将这封书信直接烧掉，岂不是有违两国来往之礼？不怕引起我朝皇帝和你朝官家震怒，再起战事吗？"

范仲淹脸色一沉，道："住口！夏国大王元昊擅自称帝，为天下人唾弃，不过凭着狡诈，在战场上偶胜几阵，但你国内兵源、财政已尽极限，再战必亡。若真心议和，便以我上次回信为基础，重新前来谈判。再敢妄称帝号，我朝雄兵健将，定要一举踏破贺兰山！"说罢一挥手，两旁将校立即上前，将西夏使节送出府衙。

待西夏使节退出，站在一旁的孙沔走上前，担忧地问道："下官以为，目前宋夏处于交战状态，直学您前次私下与元昊通信，这种行为本身就有前

范仲淹使了个眼色，有人便拿起书信放在烛火上引燃，很快，厚厚的书信腾腾地燃烧起来。

线通敌的嫌疑。现在又烧了元昊回信，岂非又犯下欺瞒朝廷之罪？"

范仲淹看了眼孙沔，从桌案文牍中拣出一封书信，道："方才烧的，是誊录的副本。元昊言辞傲慢，如果将信呈送朝廷，必将引起朝野激愤，恶化双方关系，断送和谈的最后一丝可能。可是直接拒绝，又超出我的权限。所以我在夏国使节面前焚烧副本，以维持朝廷体面，警示元昊重新进行和谈。"

孙沔恍然大悟，不过还是有点疑惑地问道："但是，即便在赶走西夏使节后，暗中将信呈送朝廷，信中的内容，依然会引起朝野不满啊？"

范仲淹眉头紧锁，道："我已删掉元昊回信中无礼的文字，朝廷诸公读不到这些文字，自然不会引起不快。双方颜面犹在，则和谈尚有继续的可能。"

孙沔急道："不可，此举万万不可。自古'人臣无外交'，您私自删改夏国书信，虽保全了朝廷颜面，但是自己触犯朝廷法度，对您有害无益啊！"

范仲淹语气坚定地说："无妨，我之所以要与元昊通信，就是怕朝廷拒绝和谈，可元昊回信傲慢，为避免朝廷威严受损，只能由我来承受这份侮辱。牺牲我一人，或可将这场战争的结局，引向和谈招抚。"

孙沔明白了范仲淹的心意：由自己承担擅自与元昊通信之罪的代价，删改元昊回信，避免朝廷受辱，虽然自己要接受朝廷惩罚，但是可以开启双方和谈的通道，最终结束这场战争。

孙沔为范仲淹的深谋远虑和敢于牺牲所折服，恭敬地行了一礼。

四月，宋廷君臣接到范仲淹上书，他叙述了自己与元昊通信来往的整个过程，满朝哗然。

如范仲淹所料，朝臣的注意力都集中在了范仲淹擅自与元昊通信，得到回信又焚烧而不上奏这个环节，反而没有人追究范仲淹删掉的书信内容。

副宰相参知政事宋庠提出："范仲淹可斩。"枢密副使杜衍则认为："范仲淹的本心是忠于朝廷，促成和谈，并不是欺上瞒下，怎么可以重罚？"

两个人就在宋仁宗面前争论起来。宋庠的建议，立足于国家法度，于理也说得通。杜衍的主张，出于实际，更符合人心。

宋仁宗听了半晌，转头问一语不发的吕夷简："如何？"

吕夷简回答道："杜衍的话有道理，稍稍惩处就可。"

一句话得出了结果：范仲淹是出于维护宋廷颜面，为宋夏双方谋求和平解决，只是手段有些出格。宋仁宗决定不予深究，只给予一般惩处。

紧接着，无所建树的陕西主帅夏竦被解职，好水川战役发起者韩琦被降职为秦州（今甘肃天水）知州，范仲淹因为与元昊通信，受到惩处，改任耀州（今陕西铜川）知州，庞籍接替他担任延州知州。就这样，经过好水川一战，陕西三位军政主官，都被降职撤换。好在经过此事后，北宋朝廷开始考虑议和的可能。

前线还是离不开范仲淹，一个月后，范仲淹从耀州调任庆州（今甘肃庆阳）。此时，宋廷沿西北防线横山沿线分设秦凤路、环庆路、泾原路、鄜延路等几个"安抚司"，负责地方军务。调整战区之后，进一步明确了前线将帅的职责，其中，韩琦坐镇秦凤，范仲淹掌管环庆。

扭转战局

一

范仲淹来到庆州后，向朝廷呈上攻和守两种策略。所谓守，是修筑边城，逐步向北推进战线；所谓攻，是依托城池，进行小规模反击战，避免与西夏骑兵进行大范围野战。所以，范仲淹对抗西夏的总体战略，依旧是采取守势。为了稳固环庆路局势，范仲淹着手在更广大的范围内构建一个更有层次、更具纵深的堡寨防御体系。

在庆州到延州之间，分布着金汤、白豹、后桥三处西夏军城寨，阻断了庆州、延州之间的联系，使范仲淹在庆州、庞籍在延州的所有举动，都受到西夏军的监控。

与此同时，在庆州以北，散居着众多羌族部落，他们中有的与宋廷关系疏远，被称为"生户"；也有的接受宋廷的封号、赏赐，被称为"熟户"，包括明珠、灭藏等部。宋夏战争爆发后，不但生户各部站在西夏一边，甚至熟户里的明珠、灭藏各部，迫于西夏军威，也转而配合西夏军行动。这导致北宋军日常出城巡视，也要纠集人马，防备西夏军混入羌族各部，发动偷袭。

总之，范仲淹要想将自己的谋划付诸实施，必须先解决这三处西夏军城寨的威胁，然后才能安抚依附西夏的羌族各部。他到底该怎样应对呢？

庆历二年（1042）三月中旬，一天清晨，天光微亮，庆州城北门静悄悄地打开了。一支数千人的宋军，井然有序地列队出城，无声地向西北方行军。在队伍之中，一身戎装打扮的范仲淹，骑着战马，目光坚定，直视前方。

范仲淹来到庆州后，曾数次亲自领兵带队出城，向北巡视宋军城寨和地形。按照惯例，多则三五天，少则一两天，就会回转庆州城。季春时节，遍野绿色，天空湛蓝，春风送来阵阵草木清香，一派生机盎然。若非军情紧急，真让人错把边关当故乡。士卒们神色轻松，脚步也变得轻盈起来。

刚走了约一个时辰，日头已然升起，天气渐热。范仲淹命令就地休整，他自己下了马，坐在杌子上，手捧地图查看。

这时，从队伍中走出一名中年官员，来到范仲淹面前，叉手施礼，道："禀范帅，下官斗胆请范帅下令全军疾行速进，尽快赶到前方柔远寨，再行休息。否则万一遇敌埋伏，有恐危害直学之万全。"

范仲淹抬起头，认得是随军的宁州通判张去惑，便道："张州倅果然思虑周详，此行还要有劳州倅多多费心尽力。"说罢招手示意张去惑近前。

张去惑俯身向前，范仲淹压低声音道："此次出兵，非为巡视城寨，实是要赶去马铺，修筑城池。因为唯恐士卒畏敌不前，所以需要暂时封锁消息。"

听闻此言，张去惑脑子飞速运转：马铺位于庆州以北一百五十里的子午岭，再向北四十里，分别有宋军的柔远寨，西夏军的金汤、白豹二寨。此去马铺筑城，除了随军给养，并未携带修城的工具材料，如果再从庆州调集，迁延时日，西夏军必然来攻，到那时，仅凭这数千人马如何抵挡？

张去惑满脸疑惑，却见范仲淹嘴角挂着意味深长的微笑。自己身为下属，也不好再问，只得施礼退下。

范仲淹的目光重新落到地图上，盯着位于后桥川河口的马铺，两个月前，他一路向北巡视，当时就发现了马铺的战略价值。若在此处筑城，向前可以攻取西夏军白豹、金汤等城寨，向后可以呼应庆州，同时，形成庆州、马铺、柔远一线的防御，切断西夏与明珠、灭藏等羌族各部的联系，极大地增强庆州及周边地区的安全。

然而，此地深入西夏军腹地，一旦调动人马来此筑城，必然引起西夏军围攻，因此，庆州军民都不乐意前来。

范仲淹便在暗中做了各种准备，今天终于领兵出城，去实施自己数月来反复推敲的计划。当然，前方有虎视眈眈的西夏军，后方有敌我莫辨的明珠、灭藏等羌族各部，此去能否成功，还需要随机应变。

范仲淹跨上战马，招呼全军，启程上路。庆州距离马铺一百五十里，范仲淹并没有刻意加快行军速度，一切行动按部就班。军中除了张去惑等少数部属，都以为范仲淹此行又是出城巡视，只不过队伍人数比以往多了一些而已。

第三天午时，全军抵达马铺。抬头望处，只见前方不知何时搭起了一座营寨，乍看之下，似乎规模不小，但是寨子四周不竖旗子，也没有人马走动。宋军将士惊疑不定，不知寨子里是敌是友。

这时，范仲淹打马向前，张去惑等人簇拥左右，从队伍中分众而出。

只见营寨大门洞开，从里面列队走出一支队伍，居中领头的两人快步奔出，远远地向范仲淹施礼，口中道："下官赵明、范纯祐，恭迎范帅入寨。"

原来这两个人，一个是番将赵明，一个是范仲淹长子范纯祐。他们奉了范仲淹的密令，先期押运筑城工具、材料，秘密赶到马铺。为了防备西夏军侦知这里的情况，他们不插旗，不生火，悄悄搭起营寨，等待大军前来。

范仲淹听取了两人的禀报，非常满意，当即传令全军进寨。

宋军进了营寨，只见满地筑城工具和材料，不禁满腹狐疑。只听范仲淹在马上发令：全军以指挥为单位，马上领取工具和材料，立即开始筑城。紧接着，各指挥的指挥使依次被唤进营帐，范仲淹及亲信幕僚手指地图和工程图样，详细地给各指挥使分配施工任务。

营帐外的士卒一阵骚动，大家本来想着三五日就能回庆州，没想到竟然要在此地筑城，看来非得留居个把月不可，而四十里外的西夏骑兵不用半天就能冲杀过来，眼下这数千人显然不是对手。

一些新兵开始动摇，有胆子大的喊道："除非范帅派兵攻下北边西夏人的寨子，否则我等留在此地修城，就是坐以待毙！"

立刻有人附和："对！父母妻儿还在庆州眼巴巴地盼着我等平安返回，大家去请求范帅恩准开拔回城吧。"眼见就要发生兵变。

张去惑见状，连忙率领亲兵喝止住闹事兵卒，高声训斥道："为国尽忠乃是武人本分，你等身受皇恩，未见敌即退，置国法军规于何地？更有何脸面回见父母妻儿？"

几个新兵一时语塞，随即被亲兵缴械押走。在场众人顿时安静下来，齐齐地望着张去惑，还是不肯散去。

张去惑知道大家心中仍有不甘，换了语气道："范帅神机妙算，诸位请看，这满地筑城之物，已经先期运到，后面必有大军接应。莫要忘了，范帅自己也在此处，怎会将自己置于险地？"

这番话说到了不少人的心坎里，范仲淹的威信、功绩俱佳，在边关将士心目中地位甚高。他们从惊慌中逐渐冷静下来，神色和缓了许多。

这时范仲淹走出营帐，正好听到张去惑的话，他威严地环视四周，高声宣布："诸军听令，十日之内，昼夜筑城，违令者，严惩不贷！"

军令如山，张去惑等部属幕僚、各指挥使及全

范仲淹高声宣布："诸军听清，十日之内，昼夜筑城，违令者，严惩不贷！"

体将士肃然领命。全军不敢耽搁，当下各司其职，抢筑新城。

因为策划周全，材料工具准备充分，施工方案早已安排妥当，果然只用了十个昼夜，就修起一座土城。虽然只是中等规模，但守御工事完备，足可以屯驻数千将士。

范仲淹率众登上城墙，放眼四望，顿觉底气倍增，对庆州防御，甚至西北战局，有了足够的信心。

忽然，城北出现一队人马，白色的旗帜迎风招展，刀枪在阳光下熠熠生辉，正是从白豹、金汤等城寨赶来的西夏大军。宋军的筑城行动十分隐蔽，等西夏军发现，集结起各寨军马，已经耽误了战机。

只见西夏军的主将发出号令，骑兵在两侧包抄，步兵持盾牌推进。很快，西夏军冲过后桥川，逼近土城。

范仲淹只有数千人马，无法与西夏军正面对抗，于是当机立断，传令全军，不许出城厮杀，只用弓弩乱射。

西夏军的冲锋都被宋军弓弩挡住，少数人马冲到城下，也被宋军敢死队击杀或俘虏。西夏军见攻不下土城，丢下上百具尸体，撤退至后桥川北岸。

城上宋军一阵欢呼，有几名指挥使准备追击。范仲淹手按宝剑，厉声道："传令全军，严禁出城，违令者斩！"过了大约半个时辰，只见后桥川北岸草丛树木后面，闪出一支西夏人马，远远地向土城方向眺望，见宋军旗帜不乱，严阵以待，便缓缓地离去了。

城上宋军恍然大悟，原来这是西夏军的伏兵，试图引诱宋军出城追击，再发动主力部队予以围歼。幸好范仲淹阻止宋军迎战，避免了一场惨败。

经此一役，范仲淹终于在战略要地马铺立起城池，既能保护庆州，更成为北宋军日后反攻的桥头堡，庆州的防御压力顿减。返程途中，范仲淹欣然提笔写下《城大顺回道中作》：

三月二十七，羌山始见花。

将军了边事，春老未还家。

二

庆历二年（1042）闰九月的一天，范仲淹在庆州府衙中与僚属议事。此时的范仲淹身形消瘦，皮肤黝黑，双眼却依然晶亮有神。

范仲淹声调不高，但充满威严，他问一名僚属："对羌人招抚之策，执行得如何？"

"禀范帅。"僚属答道："已经数次派遣军吏去羌人各部宣谕，允许羌人留居堡寨周围，若有官吏兵卒胆敢欺凌他们，可以直接来庆州府衙申诉。但是严禁他们加入西夏军，只能配合我军行动。"

范仲淹点点头，说："对，招抚羌人，须得恩威并施。横山周边羌人部族人马强劲，战力颇强。可是我朝官员不信任他们，任意驱赶欺凌，使得羌人为元昊所用，充当了西夏军南下先锋。"

僚属回报："范帅数月前调种世衡去环州，很得人心，修筑起不少堡寨。他前几日来信说，当地羌人各部都乐意接受我朝调遣。"

范仲淹又问道："除了安抚羌人各部，招募民兵屯田的事情，进展如何？"

僚属答道："此前陆续将新招弓箭手、义勇，分批遣往各堡寨营田。今秋正在收割粮食，不但可满足各堡寨的军粮供给，还可以通过民间互市，用余粮换取马匹等物资。"

范仲淹露出满意的表情，转头又问另一个僚属："你负责核查军中犯有过错的士卒，可曾确定名单？"

那名僚属忙递上一沓案卷，道："下官已经将各军中犯有过错，但尚可赦免者的名单誊写在此。"

范仲淹一边翻看，一边说道："如此甚好，既要提拔底层兵将，也要允许有过错者戴罪立功。"

眼见各项措施运作良好，范仲淹的心情略略放松一些。

就在这时，有个下属急匆匆地跑进屋来，一边施礼一边激动地说道："禀范帅，刚接到泾州急报：数天前，西夏元昊在定川寨（今宁夏固原）伏击我军，杀将领十六人，俘虏士卒九千多人。如今西夏军兵已经抵达泾河北岸，扬言要进攻京兆。京兆、关中居民纷纷出城，全逃进终南山了。"

大家大吃一惊，有几个人还紧张地站了起来，齐齐转头看向范仲淹。

范仲淹脊背挺得笔直，脸上没有一丝慌乱。他脑中飞快地分析着形势：挡在西夏军前方的是渭州知州文彦博和泾州（今甘肃泾川）知州滕宗谅，二人都是干练可靠的能臣。然而，三川口、好水川、定川寨三场大败，势必造成军心动荡。必须采取行动，守住泾州、渭州。

想到这里，范仲淹立即下令："速去环州传唤种世衡，令他率领两将士兵，火速增援渭州。"按照范仲淹制定的军制，一将为三千人，两将就是六千人。他接着给文彦博、滕宗谅写信，通报军情。整个庆州迅速进入了战备状态。传令的士卒出发后，范仲淹几乎每天都登上庆州南门城楼，向西南泾州、渭州的方向眺望。他其实也在期待，到底自己训练、编成的部队，能不能与元昊的主力正面交锋？

几天后，终于接到了种世衡从前线发来的战报：元昊已经率军悄然撤走，双方并没有交战。

庆州上下一片欢腾，渭州、泾州乃至京兆、关中转危为安。范仲淹的表现得到了宋仁宗的褒奖。到十一月，宋仁宗再次调整陕西四路军政指挥系统：韩琦、范仲淹升任陕西四路都部署、经略安抚招讨使，进驻泾州，同样表现出色的滕宗谅接替范仲淹主政环庆路、文彦博接替韩琦主政秦凤路。

这一天，韩琦、范仲淹又聚在府衙中，听取刚刚巡视完城内外布防的大将张亢汇报情况。

待张亢介绍已毕，韩琦看着范仲淹，说道："听张将军所言，定川寨之战对我军士气并未造成打击，羌人各部也没有重投西夏的迹象，如此说来，我军防守态势稳固，各项措施行之有效。"

张亢笑着说："小将巡视途中，听闻军民传唱：'军中有一韩，西贼闻之心胆寒；军中有一范，西贼闻之惊破胆！'这正是边地军民对二位招讨寄予的厚望啊。"

韩琦、范仲淹对视一眼，心中并没有得意，反而有了更多的责任感。两人同处一城，展开了更多配合，对彼此的能力、品格有了更多了解和认同。

范仲淹说："虽然我军守城无虞，但是仍然无法阻止元昊进犯。如何切断西夏南下路线？稚圭有何高见？"

韩琦起身来到墙上悬挂的地图前，范仲淹、张亢也跟着走过来。三人沉默片刻，韩琦、范仲淹同时手指横山，异口同声地说道："夺回横山！"

韩琦、范仲淹都是一愣，随即放声大笑。范仲淹想起张亢还在旁边，便解释道："现今西夏在横山修筑数处堡寨，保护他们的南下通道。我军若能攻占横山西夏堡寨，元昊再进军，就只能先进攻横山堡寨，进军路线就暴露在我军面前，那时再出军迎战，自然就掌握了先机。"

韩琦的目光不离横山，道："欲夺横山，只能依赖我军的堡寨体系，逐渐向北推进。"

范仲淹也说："正是如此。此计若成，元昊必定前来求和乞降。"

韩琦、范仲淹雄心勃勃地计划对西夏展开反击，在北宋朝廷强大的军事压力下，庆历三年（1043）正月，元昊第二次遣使求和。而北宋朝廷接下来的政策变化，将对他们的反击计划产生重大影响。

三

庆历三年（1043）正月，元昊遣使求和，北宋朝廷很乐观，似乎看到了结束战争的曙光。此时，宰相吕夷简上书请辞，意思是由自己来承担宋夏之战中三场大败的责任。

几个月后，三度拜相、身在高位二十年的吕夷简罢相外放。随后，宋仁宗一口气任命了新宰相章得象、晏殊，副宰相参知政事贾昌朝，枢密使夏竦，枢密副使富弼，以及谏官欧阳修、蔡襄、余靖等人。这些人都不是吕夷简的门下，反而与范仲淹颇有交情，尤其是杜衍、富弼、欧阳修、蔡襄、余靖等，都曾多次为范仲淹辩护。

朝局变化的情况，自然传到了西北前线。这天，韩琦、范仲淹又坐在一起商讨军政，聊了几句前线情况，话题自然回到了朝政上。

韩琦说道："数天前欧阳永叔等台谏官攻讦夏子乔，批评他在陕西期间畏敌避战，结果夏子乔被贬。随后官家擢升杜世昌为枢密使。现在枢密副使又有空缺，朝议调你我进京。希文可曾听说？"韩琦说的是不久之前，欧阳修抨击夏竦，导致夏竦被降职，杜衍升任枢密使的事。

范仲淹摇头道："现在正是收复横山的大好时机，再过两三年，就可以完全堵住西夏军的南下通道，迫使对方议和，迎来西北安定。如果你我此时赴京，无法保证后继者不改弦更张。一旦举措不利，就可能前功尽弃。"想了想，又接着说："若真是如此，稚圭你赴京便是，我留在陕西。"

韩琦没有立即答话，似乎在思考什么，停顿了片刻，终于斟酌着说："希文，你在朝中威望更高，入朝后，或许更容易推动陕西军政的展开，所以你入朝更合适。"

范仲淹一挥手，道："稚圭何出此言？你我在陕西四年，历经战败、降职、出征、筑城、征兵、抚羌……可谓同甘共苦，而今收复横山，是你我的共同愿景。我怎么能丢下你一人，只身入京。"

这时，院子来报，宋仁宗派遣的内侍宦官刚刚进城，来泾州传达上谕。来人当场宣读宋仁宗谕旨，大意是经过朝廷三个月的讨论，宋仁宗同意以元昊撤销帝号、向宋称臣为条件，双方议和。并派遣使节赴西夏，开始正式谈判。同时，要韩琦、范仲淹做好准备，听候入朝任用。

又过了几天，范仲淹、韩琦接到正式诏书，双双升任枢密副使。不过，韩琦、范仲淹却忧虑重重：重夺横山的计划怎么办？韩琦朝范仲淹摊摊手，范仲淹也无奈地摇头。两人默然返回各自的宅邸。

第二天，两人一见面，范仲淹就说："我昨晚彻夜未眠，写出三道奏章，请求留在陕西。稚圭你若留陕，则这些奏章署你我二人之名，若你决定入朝，就只署我的名字。"

韩琦不动声色，也掏出一沓书信，放在桌上，道："希文在前，我怎敢居后？这是我昨晚写的请求留陕奏章，不过只写了两份。"

两人相视一笑，依次在五份奏章上都署上了两人的名字。此后七天，他们五次上表请求继续留在陕西，提醒宋仁宗，陕西战事未止，不可对西夏掉以轻心。

不过，宋仁宗的注意力已经转移到了和谈上，韩琦、范仲淹没有等来宋仁宗同意他们留陕的诏令，却接到了郑戬前来泾州接替他俩的通知。郑戬与范仲淹都娶了前副宰相参知政事李昌龄的侄女为妻，二人是姻亲。

见事情不可挽回，范仲淹、韩琦只能与郑戬交接。出发当天，他们登上泾州北门城楼，向北方瞭望。终究还是没能重夺横山，两人心中都觉得无限怅然。

庆历新政

一

西北战事平息，韩琦、范仲淹等贤臣入朝，大家都在翘首盼望范仲淹大显身手，给朝政注入活力。这些人中，包括宋仁宗。仁宗也有励精图治的决心，过去一个月，每次召见范仲淹、韩琦等人，都要让他们拿出改革弊政、提升国力的方案。

这天，在枢密院正堂，枢密使杜衍、枢密副使韩琦、范仲淹、富弼聚坐议事。杜衍坐在正位，表情严肃地说道："今有沂州（今山东临沂）反贼王伦，鼓动兵卒、饥民暴动，一路南下，转战数千里。可叹的是，沿途州县官吏或奔逃、或投降，全无招架之力。这股反贼一直打到和州（今安徽含山），当地才组织军马剿灭。今日召诸公前来合议，此事当如何向官家奏陈？"

韩琦叉手回话道："此事无非是兵痞流民闹事，并不稀见。难堪的是逆贼所过州县，竟然全无抵抗。地方吏治竟然如此腐败，官家对此必有诘责，须得提出更正举措。"

范仲淹接着说："天下州县的太平，责任都在地方官的身上。地方官人选得当，州县就能安稳，否则就会动荡。依我之见，首先要将按年资任用官吏的方式，改为逐级举荐提拔；其次，经过数年战争，大量官员因军功获得越级提拔，破坏了量才任用的原则，必须纠正。"

杜衍、韩琦、富弼不住点头，韩琦看着范仲淹，问道："希文既然对吏治的弊端有所考虑，为何在此前召对时，不向官家阐述？"

范仲淹摇摇头，道："官家冀望我等改革弊政，可是事有轻重缓急，弊政是长年累积所致，不能通过几道诏旨就改革一新，需要计划周全。"

杜衍饶有兴致地问道："那么，希文以为当今的急务是什么？"

范仲淹立刻回答："当今首要急务便是西夏，和谈成与不成，将直接影响朝廷政策。"

富弼插话道："我听闻官家与章相公、晏相公商量，即便元昊不称臣，也可接受议和。"

韩琦一听就急了，道："这断不可行！希文，你我多年在陕西，深知元昊的韬略。他不称臣，就是在行缓兵之计，根本不是和谈。"韩琦着急地搓着手，又道："不可再等，必须提醒官家。我要先行上书，阐述关于巩固边防、加强吏治的主张。"

很快，韩琦先后两次上书。宋仁宗意识到需要加强官吏考核，但是对西夏和谈的问题却没有在意。

不久，宋朝议和的使臣返回开封，带回的消息令人失望：元昊仍然不愿称臣，而且提出，要将自己的称号从"兀卒"改为"吾祖"。

宋仁宗令章得象等辅臣讨论，结果大家一致反对这个请求，但是对元昊不称臣的要求，除了韩琦，都觉得可以接受。讨论了几次后，韩琦一直坚持己见，气得晏殊当众离席，大家不欢而散。

韩琦同样气愤不过，刚走出政事堂，就气冲冲地问范仲淹："希文竟然也接受元昊不称臣的条件吗?！你忘了你曾与元昊通信，你提出要他放弃帝号，才能和谈吗?"

范仲淹皱着眉说："现在二十万大军驻扎陕西，一旦饥不足食，寒不足衣，必然军心不安。而且，陕西百姓已经贫弱不堪，再被战争拖累下去，只能导致人民流亡，甚至引起暴动，沂州的王伦就是前车之鉴啊。"

范仲淹知道韩琦仍然坚持己见，望着韩琦的背影，只能在心中叹息。

果然，欧阳修等谏官群起上书，反对议和。欧阳修甚至说，急于求和的人有五种：不忠于陛下者、无识之人、奸邪之人、疲兵懦将和陕西之民。

范仲淹在进奏院状上读了欧阳修的奏章，不禁苦笑：不错，我就是陕西之民，如果和谈可以保陕西民众的生活安定，被朋友误解，朝野攻讦，又有何妨?

宋仁宗见元昊态度倨傲，为了防备西夏，任命范仲淹为陕西宣抚使，未及成行，又擢升他为参知政事。五十五岁的范仲淹正式成为副宰相。

韩琦感觉自己被孤立，索性自请代替范仲淹巡边，于是朝廷改以韩琦为陕西宣抚使。不久，宋廷第二次遣使出使西夏，继续就名分争议进行谈判。和谈的前景，依然扑朔迷离。

二

韩琦赴陕后，宋仁宗赐手诏给范仲淹、富弼，再次要求他们提出改革意见。这天，秋阳暖煦，天蓝如洗，位于宫城大内西南角的天章阁阁门大开，内侍宦官、宿卫禁军排列整齐。一大早，宋仁宗亲率辅臣及朝臣来到天章阁，朝谒宋太祖、太宗画像，之后，宋仁宗升坐御座，与章得象、晏殊等大臣议事。

宋仁宗问道："朝廷之急在御边，御边之急在西北，如今西北驻军二十万，朝廷开支巨大，卿等有何减兵省粮但是却不损战力的良策吗？"

章得象代表众人，恭敬地回答："范仲淹久在边地，才识兼备，必有良策。"

范仲淹忙起身出列，答道："臣观历朝御边拓疆的方针，都主张兵不在多而在精。臣以为，军队的军官、僚佐得力，士卒方肯用命。"

宋仁宗又道："以前朝廷择将，往往商讨多日才能定下人选，不能不说是谨慎。可是刘平、任福都是忠勇的大将，为何屡屡战败？"

范仲淹边思索边回答："以臣的愚见，军旅之事，难就难在如何激励将士。陕西、河东边关州军及城寨的统兵官，按照惯例，五年才有升迁考核的机会，所以武官不愿去边关。把地方上的做法用在战场上，因循守旧，怎么能激励武将？"

宋仁宗微微颔首，示意范仲淹继续说下去。

范仲淹顿了顿，斟酌着说道："我朝开国八十载，制度日益松弛，官员无法晋升，百姓被战争拖累，边患不息，寇盗纷起，不可不改弦更张。"

宋仁宗面露悦色，对范仲淹的回答非常满意。他用眼神示意身边的内侍。内侍一挥手，立即有一队内侍步入阁中，他们两人一组，抬着一张几案，放在众人面前。接着又有一队内侍，端着托盘，放着笔墨纸张，摆在几案上。

宋仁宗接着道："卿等尽心国事，不需有所避讳，对今日的军国政务，有何建言规划，就请众卿都写在这里。"

众人有些错愕，尤其是范仲淹、富弼，他们知道改革弊政事关重大，需要字斟句酌，详加考虑。众人纷纷离席，请求退下后再奏上文字。

宋仁宗也不勉强，让他们坐回座位，继续讨论，君臣议论了很久方才散去。

范仲淹出宫回府，不敢耽搁，将自己的思考规划详细写了下来，这就是著名的《答手诏条陈十事》，后来又改写成《再进前所陈十事》。范仲淹提出了十项改革措施：明黜陟、抑侥幸、精贡举、择官长、均公田、厚农桑、修武备、减徭役、覃恩信、重命令。改革的主要内容是：改变不分政绩好坏循例升迁官员的现状，严格官吏升迁考核制度，限制官员的子弟和亲友通过恩荫作官。改革科举考试的内容，克服考试中只重词赋而忽视能力、品德的弊端。完善各级长官的保举和选派机制，罢免老病无能的官员。调整作为官员俸禄的职田数量，防止贪污等。富弼也奏上自己对时务的见解十余条，欧阳修等人也先后上书讨论改革事项。

就这样，范仲淹身为参知政事，担负起了组织实施朝政改革的重任。

庆历三年（1042）十月，经范仲淹、富弼举荐，朝廷陆续派出各路转运按察使，考察和淘汰不合格的地方官员，由此开始了史称"庆历新政"的改革。

范仲淹的新政不仅仅关注吏治，也关心农田生产和百姓生活。庆历四年（1044）正月，孟春时节，朝廷下《劝农诏》，将"兴水利、课农桑、辟田畴、增户口"纳入地方官升迁考核项目。不过，官吏考核、荫补制度两项改革，触动了太多人的利益，被罢免、淘汰的官员，对新政充满了恐惧、怨恨。

宋夏战争暂停后，朝廷开始审查战争中的军费支出。不久，一批陕西军政官员，像滕宗谅、张亢、种世衡、狄青等，都遭到检举，其中不少人是范仲淹在陕西倚重和提拔的人才。新政刚推行三个多月，已经有暗流涌动。

这天早朝，范仲淹刚到待漏院，欧阳修就迎面奔了过来，看得出他一直在等着见范仲淹。欧阳修把一份进奏院状塞到范仲淹手里，同时嘟囔着："内侍蓝元震用心险恶，竟然上书官家，指责希文借考核官员的机会，用国家爵禄作为自己的恩惠，结交朋党。"

这时，富弼也走了过来，压低声音说："依我看来，这必是夏子乔在捣鬼。去年四月，他履新枢密使未满一个月，就被永叔等谏官论罢。之后石守道等人称他为奸、邪。想那夏子乔本就恋栈贪权，这些言辞对他的刺激，可想而知。"

三人知道，这是由于是新政引起的争议，给夏竦提供了机会，所以他在背后撺掇内侍蓝元震上书。

见范仲淹未说话，欧阳修忍不住道："即便希文结党，也是为国为民。只有我等结党，才能斥退夏子乔这等无所作为、一心钻营的小人。所以君子结党，对国家无害而有益！"

富弼脸色微微一变，道："永叔，切不可轻言朋党，此等言论，白白授人把柄，无助于新政事业。"

范仲淹匆匆看了一遍蓝元震的奏章，这是他第二次被人公开抨击结党，心中不觉隐隐作痛。来不及细说，上朝时间已经到了，范仲淹等人匆匆步入大内。

宋仁宗在奏对时，并未提及蓝元震的奏章，只是在讨论新政措施时，有意无意地问了一句："过去小人多为朋党，君子也会结党吗？"

范仲淹早已厌倦别有用心者对自己结党的污蔑，他决定正面回应，便说道："臣在边关时，见军队中的勇敢者站在一处，胆小者站在一处。所以在朝廷里，邪恶者、正派者也是各自聚集在一起。如果结党是为了向善，于国家有什么损害呢？"

宋仁宗并没有追问。不过，范仲淹这番话却启发、鼓舞了欧阳修，他随后呈上一篇《朋党论》，大意是说，朋党自古就有，需要区别的是君子之党还是小人之党。奏折中说：作为君主，应该斥退小人的假朋党，任用君子真朋党，则天下安定。

或许范仲淹、欧阳修的言论过于新颖，宋仁宗一时无法判断是非，争议暂且搁置下来。范仲淹继续主持新政，不久，根据范仲淹的建议，朝廷将西京河南府五县降为镇，缩减了地方官员数量，也减轻了百姓徭役。接着，范仲淹提出宰执辅臣兼领行政事务，这项提议遭到章得象等人的反对，于是又展开了新一轮漫长的辩论。

庆历四年（1044）五月，宋夏和谈传来了好消息：元昊同意向宋称臣。双方达成"庆历和议"，第一次宋夏战争正式结束。然而，宋廷君臣还来不及喘口气，契丹兴宗皇帝率军亲征西夏，一时间，北方形势又紧张起来。范仲淹忧心忡忡地上《奏乞宣谕大臣定河东捍御策》，分析契丹、西夏可能会南下进攻河东路，希望着手布置防御。朝议决定还是由范仲淹宣抚陕西、河东。

庆历四年（1044）六月，范仲淹再次离朝。在奔赴河东的途中，经过郑州。这是前宰相吕夷简的老家，他离开朝廷后一直住在这里。范仲淹便前往拜谒。

吕夷简在自家宅邸中见到范仲淹，似乎有些意外，问道："范参政在朝才一年有余，为什么这样急着出朝？"

范仲淹平静地回答："暂时去河东、陕西两路公干，等事情结束，就回来了。"这句倒是范仲淹的真心话，他心中还抱持着返还开封，继续推行新政的愿望。

谁知吕夷简却摇头道："参政此行，正是跌入陷阱当中，再回京城，恐怕没那么容易了。"吕夷简十分清楚朝中动向，当初范仲淹以守边之功为宋仁宗所器重，但是现在契丹、西夏都与宋缔约和好，范仲淹去河东、陕西，不可能累积新功。目前朝廷争议在于新政，范仲淹离开京师，非但不利于平复争议，反而给了反对新政者大放厥词的机会。一旦范仲淹离朝，反对者将群起攻之新政，富弼、欧阳修这些人无法应对。

范仲淹并不认同吕夷简的看法，他相信富弼及杜衍、韩琦、欧阳修等人会坚持新政，自己必定还有机会入朝。

不久，吕夷简预料的局面出现了：富弼终因受不了夏竦的毁谤，自请宣抚河北。当年秋，欧阳修也出任滁州知州。新政的形势急转直下，很快，宋仁宗下诏限制范仲淹、富弼派往各地考核官员的按察使的权力。接着，下诏警示官员不要结交朋党。

庆历五年（1045）正月，原本在河东、陕西积极参与边地军政的范仲淹，自请降为知邠州兼陕西四路缘边安抚使，上表辩白自己没有结党，放弃了自己此前的主张。不久，朝廷罢去庆历三年所行的各种新政，恢复旧法。至此，除州县兴建的学校外，庆历新政几乎全部被废止。

三

庆历六年（1046）秋日的一天，邓州城下的百花洲绿波荡漾，水鸟翔集。岸边的草木虽不如夏日里娇艳，但清淡幽深，平添几分雅致。文人骚客，照旧醉饮狂歌，好一派太平风光。

洲上一座凉亭中，一位老年文士正在酌酒吟诗，他头发已经花白，身体瘦削，但是双目有神，举手投足沉稳大气，显然不是普通游人。他双眼凝视水面，手捻胡须，抑扬顿挫地吟诵道："……不以物喜，不以己悲，居庙堂之高则忧其民，处江湖之远则忧其君。是进亦忧，退亦忧。然则何时而乐耶？其必曰：'先天下之忧而忧，后天下之乐而乐

洲上一座凉亭中，一位老年文士正在酌酒吟诗，他头发花白，身体瘦削，但是双目有神，举手投足沉稳大气，显然不是普通游人。

乎！'噫！微斯人，吾谁与归？"

"好！"坐在他对面的一位老者拍手叫好："这一句'先天下之忧而忧，后天下之乐而乐'，道尽古往今来心怀天下者的广阔胸怀，足可传颂后世了。"

原来这个吟诵文章的白发老者就是范仲淹，他在去年调任邓州，整修百花洲、创设花洲书院。休养肺病之余，寄情邓州山水，与晏殊、王洙等人诗文唱和，重拾十年前在饶州的闲适文人生活。更巧的是，他在邓州遇到了在应天府书院读书时的旧友黄灏。今天，两人又一次来到百花洲宴饮叙旧。

黄灏为范仲淹倒满酒杯，接着说道："你为滕子京写的这篇《岳阳楼记》，的确是雄文，不过收尾太过沉重。我还是喜欢你来邓州后写的那首'素发频来醉，沧浪减去思。步随芳草远，歌逐画船移。'有动有静，有声有景。哎，希文你有如此才情，何苦去做什么官、当什么差，寄情于江湖，岂不美哉！"

范仲淹接过酒杯一饮而尽，说道："谁不想过自在逍遥的生活，奈何我还是放不下那些流离贫病之民。舍得我个人的荣辱安危，换得世间太平，此生足矣。"

黄灏看范仲淹有些醉意，便不再为他添酒，说道："犹记得三十年前，真宗皇帝来应天府祭祖，我叫你去瞻仰圣容，你还记得自己当时说了什么吗？登第、面君、谏言、统兵、入朝、离朝……真如一场三十年大梦。希文你可曾失落、后悔过？"

这番话勾起了范仲淹的回忆，他看着百花洲水面上的风景，并未立刻回答。过了半晌，转头看着黄灏，从容说道："失落难免，后悔全无。我写的《岳阳楼记》中提到'不以物喜，不以己悲'，达到这种境界后，无论是'居庙堂之高'还是'处江湖之远'，都会时刻以忧国忧民为念，'进亦忧，退亦忧'。所以，为了追求儒家之仁，誓要'先天下之忧而忧，后天下之乐而乐'。"

黄灏笑道："我未能出仕，体会不到希文你的忧乐悲喜。问题是在现实中，我这种凡夫俗子多，你这种仁人志士少，所以你自己也说：'微斯人，吾谁与归。'"说罢自顾自地喝起酒来。

范仲淹双眼放空，默默地想着：难道真的是"微斯人"吗？

邓州任满后，范仲淹调往杭州，这期间，范仲淹委托兄长范仲温在苏州创办义庄，制定规约。他自己在杭州组织救济灾荒，创造以工代赈的新措施，务实敢为的精神和能力，和他在壮年时候一样。到了皇祐二年（1050），范仲淹已经六十二岁了，自感年老多病，力不从心，获准调往颍州（今安徽阜阳）。在皇祐四年（1052）夏，途径徐州时，病重无法启程。巧合的是，他在这里遇到了故人，正在担任徐州知州的孙沔。

范仲淹出生在徐州，现在又回到了徐州，面对着生命之中的轮回，他预感到自己即将告别人世。虽然得到孙沔悉心照料，但是范仲淹日渐消沉。这天，孙沔又来馆驿探望，他搀扶着范仲淹来到院中，两人坐定，范仲淹交给孙沔一份文书，孙沔展开一看，竟是《遗表》，这是臣子给朝廷的最后一份奏折，也是作为大臣的政治遗嘱。

孙沔正待开口劝慰，却见范仲淹摆手，示意他看下去。通常的官员遗表，是向朝廷提出荫补子孙等请求，可是范仲淹只简单回顾自己求学为官的经历，并希望宋仁宗以百姓为念，一个字没有提及私事。

孙沔忍不住一阵心酸，低头无语。

一阵微风吹过，吹得范仲淹胸前的胡须飘摆起来。范仲淹轻叹一声，道："我自忖所言所行，始终遵循着世间正道，不成想还是败给了人心。"

孙沔给范仲淹倒了杯热茶，道："既如此，把人心扭转过来便如何？公发起的'庆历兴学'，已经把读书问学之风传遍天下，假以时日，我大宋的各州各县，就到处都能看到读书种子了。"

这时，院门外传来一阵吵闹声，从敞开的院门看出去，有一群少年学子匆匆走过，赶去学堂。他们手中都捧着书卷，正七嘴八舌地议论着。

范仲淹、孙沔对视一眼，嘴角浮现起会心的微笑。

皇祐四年（1052）五月二十日，范仲淹病逝，时年六十四岁。一代政治家虽然离去，他的"先天下之忧而忧，后天下之乐而乐"的情怀，却一直激励着后人。

范仲淹
生平简表

●◎宋太宗端拱二年（989）

_____

生于徐州。

●◎淳化元年（990）

_____

生父范墉病卒，母亲谢氏改嫁朱文翰，遂改朱姓，取名

朱说。

●◎宋真宗大中祥符四年（1011）

_____

入应天府书院。

●◎大中祥符八年（1015）

科考登第，授官广德军司理参军，步入仕途。

●◎天禧元年（1017）

升文林郎、任集庆军节度推官。奏请改回范姓，名仲淹，字希文。

●◎宋仁宗天圣三年（1025）

任兴化县令，负责修筑海堰。

●◎天圣四年（1026）

八月，母亲谢氏病逝，范仲淹回应天府守孝。

●◎天圣五年（1027）

南京留守晏殊聘范仲淹为应天府学教授。

●◎天圣六年（1028年）

上《上执政书》。受到宰相王曾赏识。十二月，经晏殊举荐，入朝任秘阁校理。

●◎天圣七年（1029）

上疏反对宋仁宗率百官朝拜刘太后。作《上资政晏侍郎书》。

●◎明道二年（1033）

刘太后去世，宋仁宗亲政。范仲淹入朝任右司谏。谏言刘太后对宋仁宗有护佑之恩。劝阻杨太妃参与国政。

●◎景祐二年（1035）

三月，任尚书吏部员外郎、天章阁待制。揭发内侍阎文应。任权知开封府。

●◎景祐三年（1036）

上《百官图》，揭发吕夷简以私心任免官员。吕夷简反击说范仲淹结党。第三次被贬出京。

●◎康定元年（1040）

宋夏三川口之战。经韩琦等人举荐，赴陕，八月，以龙图阁直学士、陕西经略安抚副使，兼知延州。

●◎康定二年（1041）

上书反对出兵攻西夏。二月，好水川之战爆发。作《与赵元昊书》。五月，知庆州。

●◎庆历二年（1042）

定川寨之战爆发。范仲淹派兵增援。十一月，升任陕西安抚经略招讨使。

●◎庆历三年（1043）

宋夏议和。入朝任枢密副使。八月，升参知政事。上《答手诏条陈十事》。开始"庆历新政"。

●◎庆历四年（1044）

六月，自请巡边，任陕西、河东宣抚使。

●◎庆历五年（1045）

免参知政事。富弼、韩琦等陆续离朝。"庆历新政"失败。

●◎庆历六年（1046）

知邓州。九月，作《岳阳楼记》。

●◎皇祐元年（1049）

知杭州。

●◎皇祐四年（1052）

五月二十日，病逝于徐州。